本書で紹介の学級通信を
自分流にアレンジできる
ワードデータが
ダウンロード可能！

学級経営ができる！

子供と保護者とクラスをつなぐ！

学級通信の編集スキル＆テンプレート

中山大嘉俊・川村幸久 編著
大阪市立堀江小学校 著

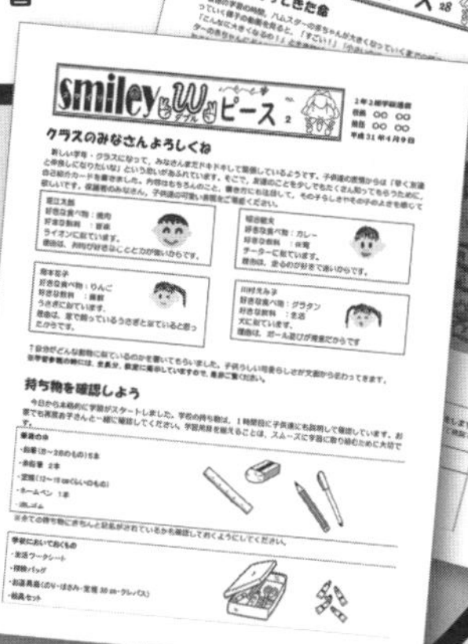

明治図書

本書第２章で収録している学級通信のワードデータは，下記 URL よりダウンロードできます。本書を参考に自分流にアレンジしてご活用ください。
本書巻末には，必要な記事が一目で見つかるテーマ別の記事検索も収録しています。

U　R　L　http://meijitosho.co.jp/276019#supportinfo
ユーザー名　276019
パスワード　tuusin

はじめに

「学級通信を出していいですか？」…年度当初の学年会議の場でした。転勤して来られた先生がおずおずと切り出されたのを鮮明に覚えています。私が教員になって２年目，今から40年ほど前のことです。「いいじゃない。先生の持ち味が出て。私は私でやりたいことがあるし…」と学年主任。思い返しても，これまでで一番楽しい学年集団でした。

その当時は学級通信はもちろんのこと，テストやお知らせ等のプリント類は全て手書きでした。その先生は「毎年100号を目指しているんだけれど，なかなかいかない」ともおっしゃっておられました。子供の姿が生き生きと描かれていて，その先生と違う学年になっても，製本した学級通信を毎年いただいていました。

学級通信には，子供との信頼関係を築いたり，教員としての資質向上を図ったりといったねらいがありますが，基本的には，学級経営を充実させるために，担任が保護者との連携を目指して書くものと言えるでしょう。学級通信のねらいによって，様々なバリエーションが生まれます。内容は日常の学校生活の様子がメインであることは確かですが，学級で起きている問題，運動会といった学校行事や学級・学年の行事，学習，子供の作品，また，保護者へのお願いごとや連絡，保護者や地域の声等を書いているものもあります。要は学級や子供への願い，ねらいに沿って，何をどう取り上げるかで違ったものになります。

ところで，学級通信を出すからには，読んでいただかないと甲斐がありません。書き方の工夫も必要でしょう。本書は「学級通信を出したい。でも，何をどう書けばいいか分からない」「今，学級通信を出しているが，もっとよいアイデアはないか」「他の先生はどんなことを書いているのだろう」といったことに応えるために，読んでもらえる学級通信を目指して実践してきた内容や知見を基にまとめたものです。執筆したのは，大阪市立堀江小学校の現職とＯＢを中心にネットワークでつながっている仲間です。

私達教員は，「～しなければならない」「～してはいけない」といったルールに囲まれていますが，「学級通信を出す」ことはこの範疇には入らないでしょう。私達の仕事にはきりがありませんが「やったらやっただけのことはある」のは確かです。子供の成長を具体的にとらえ，更に書くことで，子供理解もより深まっていきます。本書を参考にまた批判的に読んでいただくことを通して，よりよい学級通信づくりに生かしていただけること，保護者の信頼を高め，目の前の子供が笑顔になる学級づくりに役立てていただけることを願ってやみません。

大阪市立堀江小学校・堀江幼稚園
校園長　中山　大嘉俊

コラム

《通信作成のヒント》実物紹介

効率よく通信を発行する“とっておき”の時短ワザ

学級通信に使いたい“とっておきの〇〇”

学級通信は学級経営の重要な一手となる！

子供・保護者と学級をつなぐ学級通信を

～学級通信は，学級経営の重要な一手となる！～

みなさんは，これまでに学級通信を出したことがありますか？　もしくは，学級通信を出している先生に出会ったことがありますか。残念ながら，私の実感としては，最近は以前に比べて学級通信を出している先生が減ってきているように思います。今，私の周りの先生で学級通信を出している先生は，ほとんどいません。その理由として，次の３点が考えられます。

①　学級通信を出す目的・教育的意義が分からない ②　学級通信を出す時間が捻出できない（作成にとても時間がかかってしまう） ③　どのように学級通信を書けばいいのか分からない（参考にするものがない）

本書はこの３点の問題を解決することができます。

新学期。本書を手に取り，「よし，今年は学級通信を出すぞ！」と考えている先生は，まず，何のために学級通信を出そうとしているのかという目的を明確にもつ必要があるでしょう。学級通信を出すこと自体が目的になってしまうのではなく，その先の子供達の成長のための手段として，「このような目的・教育的意義があるから学級通信を出しているんです」ときちんと言うことができないままでは，その学級通信も長続きしないでしょう。

「学級通信で学級経営ができる」と言っても過言ではないくらい，私の学級経営には，学級通信が重要な役割を担っています。学級通信には，クラス，子供達，先生の全てが詰まっています。学級通信を通して「子供達同士の絆を深めること」「子供達と保護者をつなぐこと」，そして，「私をはじめ堀江小学校（勤務校）と子供達や保護者の方との結びつきを強くすること」を目指しています。

本書第２章（学級通信例）を作成するにあたり，読んでもらう対象を誰にして文章を書くのかについては非常に迷いました。それにより，文末表現が変わってくるからです。結論から言うと，本書の学級通信は，子供達と保護者の方，双方を対象にした文末表現になっています。本文の中には，「保護者のみなさんも，一緒にこのことについて考えてみてください」というような書きぶりの場合と「みなさんの様子を見ていて，温かい気持ちになりました」というような書きぶりの場合があります。対象は，保護者の方と子供達が混在しています。基本的には，手紙として学級通信を保護者の方に配付するスタンスで書いているのですが，時にはクラスの子供達に対して「先生は，今，こう思っていますよ」「みなさんのこういう姿がよかったですね」と読み聞かせる場面も想定しているので，対象が保護者の方と子供達と混在した文末表現になっています。

その理由は，一番大切にしていることが「子供達のためになる通信にする」ということだからです。一般的には，学級通信は保護者の方に発信するためのものであると思いますが，私は，保護者の方だけに発信するのではなく，学級通信を通して子供達自身の心や体の成長を願い，その情報を子供達に発信していくということを大切にしています。子供達の様子を学級通信で発信して，保護者の方にも学校での子供達の成長を温かく見守っていただく必要があると考えています。

ところで，保護者の方が学校にどのようなことを望んでいるのかをご存知ですか。保護者の方が望んでいることと言えば，当然「安全に学校に通えること」「学力・体力・道徳心等，様々な力が高まること」「友達と仲良くできること」「楽しく学校に通えること」があると思います。そして，その様子を懇談会や学習参観以外でも知りたいと願っているということは，容易に推察できます。全国の公立の小学校２年生・５年生，中学校２年生の保護者7400人を対象とした「学校教育に対する保護者の意識調査2018（ベネッセ教育総合研究所・朝日新聞社共同調査)」によると，保護者の方の学校に望むことの項目「子供達の学校の様子を知りたい」の質問に対して，次の結果が示されています（数値は「とても望む」「まあ望む」の合計)。

Qあなたはお子様が通われている学校に、次のようなことを望みますか。					
子どもの学校での様子を保護者に伝える	2004年	95.7%	学校の教育方針を保護者に伝える	2004年	90.3%
	2008年	95.9%		2008年	90.9%
	2013年	96.8%		2013年	92.2%
	2018年	95.5%		2018年	90.7%

学校教育に対する保護者の意識調査2018
（ベネッセ教育総合研究所・朝日新聞社共同調査）

2004年から2018年までの結果全てにおいて，「子どもの学校での様子を保護者に伝える」という項目は95％以上が「とても望む」「まあ望む」に回答しています。「学校の教育方針を保護者に伝える」という項目においては90％以上が同様の回答をしています。この結果から，全ての学校の全ての保護者の方に当てはまるとは言い切れませんが，多少に関わらず，保護者の方は「学校での子供達の様子や指導している先生達の方針を知りたいと願っている」ということが分かります。先生には，できる限り，どのような方法であってもその努力をして欲しいです。その手段の一つとして学級通信を出すことがあります。

① 子供達の頑張りや思い・願い・考えをクラスの友達や保護者の方に発信する
② 先生の学級経営に対する考え・方針をクラスの子供達や保護者の方に発信する

学級通信は，学級経営の重要な一手となります。学級通信を出して子供達を成長させることができます。保護者の方も学級経営に参加してもらうことができます。出したことのある先生にしか分からない学級通信のよさがそこにはあります。目の前の子供達のために，まずは，第一号を創ってみることから始めてみませんか。

通信を作成する際の注意事項
（著作権，個人情報，事前の確認等）

さぁ，これから学級通信を発行しようと考えている先生には，その前にいくつか注意しておかなくてはいけないことがあります。まずは，下の「学級通信作成への道」をご覧ください。

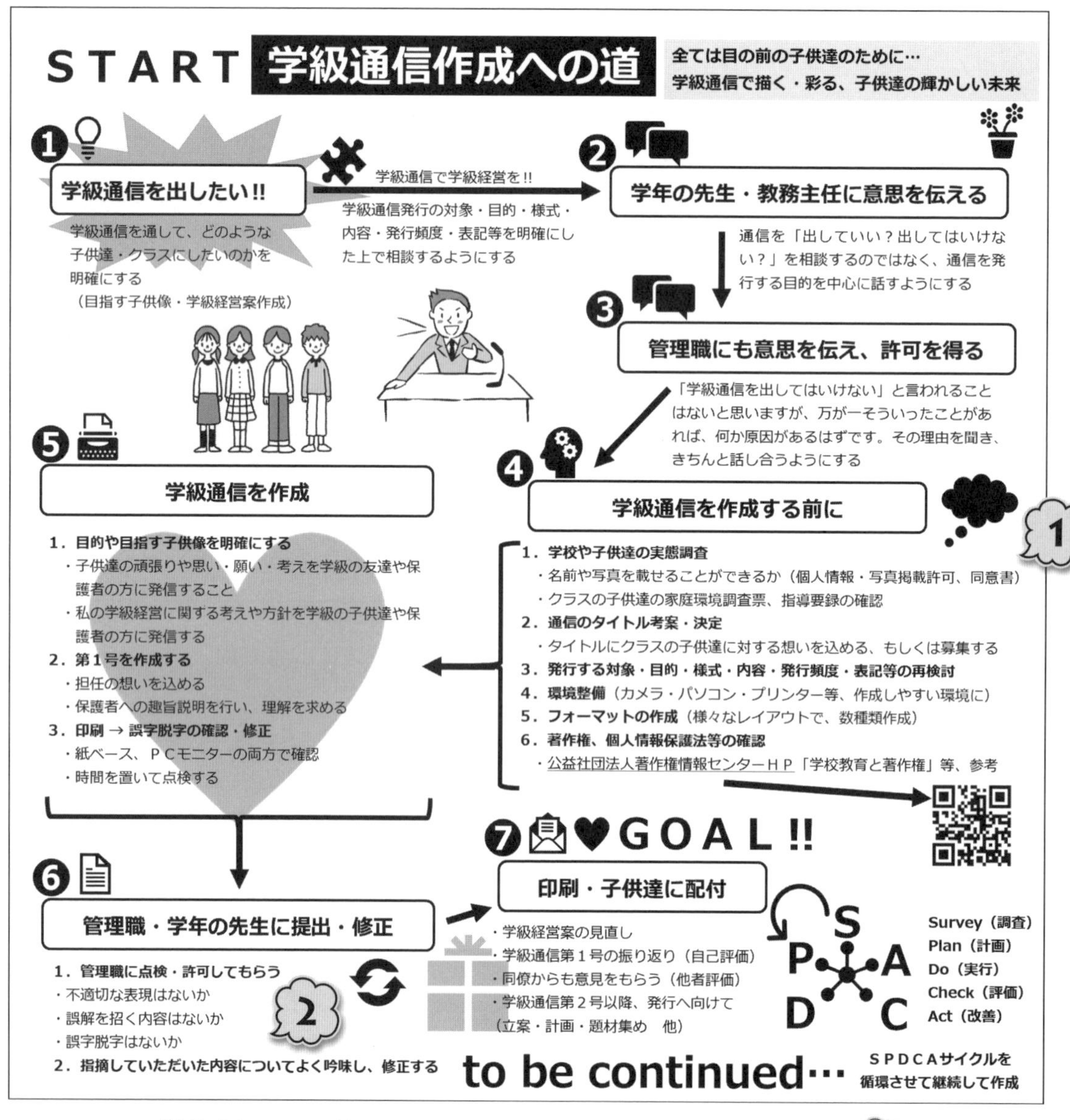

ここでは，『「❹学級通信を作成する前に」１．学校や子供達の実態調査』1 と『「❻管理職・学年の先生に提出・修正」１．管理職に点検・許可してもらう』2 について詳しく説明します。

 学級通信作成前に，学校や子供達の実態を確認する

始業式から２，３日たったある日。保護者の方から突然の電話。

> 「先生，学級通信を出すのはいいですが，私の息子の写真を勝手に載せないでください。私の子供の作文も載せてもらっては，困ります‼…」

このような事態になってしまったら，もう取り返しがつきません。新学期早々に保護者の方との関係が崩れてしまいました。一度失った信用はなかなか取り戻すことができません。

では，このような事態に陥らないようにするためには，どうすればよかったのでしょうか。原因として考えられることは，事前に学級通信作成に関わって，学校や子供達の実態調査を怠ったことです。まずは，管理職に「子供の写真や作品や作文を学級通信でどのように扱うのか」について，学校や子供達の実態を踏まえて相談することから始めましょう。そして，最善の策を考えて学級通信を作成するようにします。また，これまで学級通信を発行していた先生に話を伺うようにします（その学級通信が保管されていたら確認します）。

そうすれば「事前に保護者の方に通信で許可をとるようにしていた」「作品・作文・写真を掲載することの同意書を取るようにしていた」等，その学校がこれまで培ってきた最善策が見つかるはずです。いずれにせよ，保護者の方には，何かしらの方法で先に趣旨を説明し，許可を得ておくことが必要でしょう。「先に言えば説明，後から言えば言い訳になる」というように，先に手を打つことが肝心です。

2 管理職に点検・許可をしてもらう

学校教育法第三十七条（４）には，「校長は，校務をつかさどり，所属職員を監督する。」と書かれています。ここでの校務とは，学校の仕事全体を指しています。学校がその目的である教育活動を遂行するために必要とされる全ての仕事のことです。

学級通信は，教育課程に基づく学習指導・生活指導等の教育活動に関係するので，当然のことながら管理職に学級通信の内容を点検してもらう必要があります。許可がないのに，勝手に子供達やその保護者の方に配付することはあってはいけません。

また，担任や学年の先生とは違う視点をもつ人から学級通信の内容について意見をもらうことは有益なことです。自分だけでは気がつかないことを，指摘してくれるかもしれません。以前，本校に勤めていた副校長は，行政出身の方でした。その方には，保護者や市民目線で書式や内容，書きぶり等，幅広い視点から気がついたことを教えていただきました。長く小学校独自の文化に慣れている私には，とても新鮮で勉強になる指摘をたくさんいただいたことを今でも覚えています。

本書に掲載している学級通信例で使用する表記一覧

	○使用している	×使用していない		○使用している	×使用していない		○使用している	×使用していない
あ	あいさつ	挨拶	こ	声を掛ける	声をかける	と	取組（名詞）	取組み・取り組み
あ	ありがとう	有難う・有り難う	こ	声掛け	声がけ	と	取り組み方	取組み方
あ	あふれる	溢れる	さ	更なる	さらなる	と	取り組む（動詞）	取組む
あ	遊び	あそび	さ	様々	さまざま	と	共に	ともに
あ	～するにあたり	～するに当たり	さ	早速	さっそく	な	長縄	長なわ
あ	（手を）挙げる	（手を）あげる	し	仕方	しかた	な	仲良く	仲よく
あ	（2つを）併せて	（2つを）合わせて	し	したがって	従って	な	等	など
い	生かす	活かす	じ	自分達	自分たち	は	（児童に）配付する	配布する
い	一緒	いっしょ	す	素敵	すてき	は	果たす	はたす
い	色々	いろいろ	す	素晴らしい	すばらしい	は	話合い活動（名詞）	話し合い活動
い	一生けんめい	一生懸命	す	進んで	すすんで	は	話し合う（動詞）	話合う
い	色々な	いろいろな	す	素早い	すばやい	ひ	一人一人	一人ひとり
う	促す	うながす	す	全て	すべて	ひ	一つ一つ	一つひとつ
う	受け継ぐ	受けつぐ	ぜ	是非	ぜひ	ふ	振り返り	ふりかえり
う	嬉しい	うれしい	そ	掃除	そうじ	ふ	ふさわしい	相応しい
え	鉛筆	えんぴつ	そ	揃える	そろえる	ま	万が一	まんがいち
お	教え合う	教えあう	た	（計画を）立てる	（計画を）たてる	ま	間違える	まちがえる
お	（活動を）行う	（活動を）おこなう	た	（月日が）経つ	（月日が）たつ	ま	間違い	まちがい
お	おすすめ	オススメ・お勧め	た	堪能	たんのう	み	見つける	見付ける
か	関わる	かかわる	ち	近づく	近付く	み	身に付ける	身につける
か	かけ声	掛け声	ち	違い	ちがい	み	みなさん	皆さん
か	課題（めあて）をもつ	課題（めあて）を持つ	つ	詰まる	つまる	み	見つめ直す	見つめなおす
か	可愛い	かわいい	つ	（水を）顔につける	（水を）顔に浸ける	み	自ら	みずから
が	頑張る	がんばる	つ	～に努める	～につとめる	み	身の周り	身の回り
き	気づく	気付く	つ	培う	つちかう	め	目指す	めざす
き	気がつく	気が付く	つ	～に努める	～につとめる	も	基に	もとに
く	繰り返す	くりかえす	つ	つなぐ	繋ぐ	も	目標をもつ	目標を持つ
く	（ペアを）組む	（ペアを）くむ	つ	つまずき	つまづき	も	もちろん	勿論
く	詳しく	くわしく	て	丁寧に	ていねいに	も	（興味を）もつ	（興味を）持つ
こ	快く	こころよく	て	（手を）つなぐ	（手を）繋ぐ	ゆ	勇気づける	勇気付ける
こ	心掛ける	心がける	で	出来事	できごと	よ	よいところ	良いところ
こ	子供	子ども	と	～するとともに	～すると共に	よ	呼び掛ける	呼びかける
こ	子供達	子どもたち	と	～を通して	～をとおして	わ	分かる	わかる
こ	心地よさ	ここちよさ	と	友達	友だち			
こ	込める	こめる	と	（次の）とおり	（次の）通り			

※この表記は，あくまで本書で使用している一覧ですので，全てがこの通りではありません。
※文脈によっては使い分ける必要のある言葉もあります。

実物とポイント解説で丸わかり！
365日の学級通信モデル

1 新学期が始まりました！最高学年としてのスタートです!! 6年

1 学級通信第1号には，担任の想いや願いを書く

記念すべき学級通信第１号には，担任としての学級経営に対する想いや願いを書くようにします。「どのような子供に育って欲しいのか」「どのようなクラスにしていきたいのか」を具体的に書くようにします。担任の所信表明です。始業式の前日までに，通信を作成することで，先生自身が子供達の前で何を話すのかを整理することができます。通信を配付する際に，「昨日先生が話したことはこういうことですよ」と言いながら繰り返し読み聞かせるとよいでしょう。４月に書いたこのような学級経営方針は，書きっぱなしにならないように，定期的に見直す習慣を付け，自身の学級経営を何度も振り返りながら進めるよう心がけましょう。

2 学級通信を発行する目的を明確にする

保護者の方に，先生がどのような想いや願いをもって学級通信を発行しているのかをきちんと示すことが大切です。第１号では，自分がどのような目的で発行しようとしているのかを明確にして記載しましょう。また，初めに子供達の作文や作品を掲載すること，またその許可を求める旨を書くようにします。これまで私が受け持ったご家庭からは，「うちの子の作品や作文は載せないで欲しい」という申し出があったことはありませんが，学級通信の目的を示すと同時に，了承を得ておく必要があります。では通信のタイトルは，どうやって決めるのでしょうか。学級通信のタイトルはその学級の看板であるといっても過言ではありません。その大切なタイトルを決める方法は，次の２つの方法があります。

①保護者の方や子供達からタイトルを募る（決まるまでの間は，タイトルなしで発行する）
②先生の学級経営に対する想いを込めた言葉にする

右の学級通信は，②に当てはまります。子供達同士，先生と保護者，先生と子供達，保護者と子供達と通信を通して深い絆で結びたいという想いでこのタイトルにしました。先生の学級に対する想いを込めて考えるとよいでしょう。

3 保護者の方と共に学級を創る

通信では，保護者の方の学級や学級通信に対する温かい意見を積極的に掲載するようにしましょう。子供達も保護者の方からの温かい言葉は非常に励みになります。第１号では，広く保護者の方にも意見を求める旨を記載するようにしましょう。

まとめ

- ➡ 学級通信第１号には，担任の熱い想いを綴ろう
- ➡ 通信を発行する目的を明確にしよう
- ➡ 保護者の方と一緒に学級通信を創るように，呼びかけよう

6年1組学級通信
校長　〇〇　〇〇
担任　〇〇　〇〇
平成31年4月8日

ご進級おめでとうございます。今年度6年1組を担任することになりました中西勇太（なかにしゆうた）です。一年間，真剣に子供達に向き合い，一人一人の個性が輝く，楽しいクラスを創りたいと考えています。どうぞよろしくお願いいたします。

新学期が始まりました！最高学年としてのスタートです‼

始業式終了後，学年集会を開きました。学年主任の川村先生からのお話は，最高学年としてこの堀江小学校の伝統を受け継ぎ，5年生以下の子供達によいお手本を見せて欲しいという内容でした。話を聞いているみなさんの表情を見ていると，「最高学年としてのやる気に満ちあふれた表情になっている」と感じました。これからの1年間が本当に楽しみです。

- **最高学年としてふさわしい言動を**
- **小学校生活最後の1年，自分を少しでも成長させることができるように努力・挑戦しよう**
- **小学校生活最後の1年，友達と仲良く最高に楽しい思い出を創ることができるように，自分や友達を大切にしよう**

小学校生活最後の1年。みなさんは，この堀江小学校に何を残し，堀江小から何を学んで卒業しますか。今日話したことを時々思い出しながら1年間の学校生活を送って欲しいです。

先生の自己紹介〜1年間，よろしくお願いします〜

担任発表で私の名前が呼ばれた時，「今年の担任の先生はどんな人だろう？」と，とても気になって今日の始業式に臨んでいたことと思います。学級通信第1号は私の自己紹介から始めます。

名　前	中西勇太（なかにし　ゆうた）
年　齢	31歳（まだまだ気持ちは，20代です）
出　身	広島（大学から大阪です）
特　技	サッカー（小・中・高としていました。ポジションは，ディフェンダーです）
好きな言葉	一生けんめい
好きな芸能人	みやぞん・北川景子

1年間このクラスの担任をさせてもらうことになりました中西です。何事にも全力で取り組み，1年後の卒業式で「あぁこのクラス楽しかったなぁ」と思えるような思い出をたくさん創っていきましょうね(*^▽^*)

学級通信『voyage』に思いを載せて

この学級通信『voyage』を発行する目的は次の2点です。

①子供達の頑張りや思い・願い・考えを学級の友達や保護者の方に発信する

②私の学級経営に関する考えや方針を学級の子供達や保護者の方に発信する

この学級通信が，学級の子供達同士の絆を深めるものになるように…
この学級通信が，学級のみなさんと保護者の方をつなぐものになるように…
この学級通信が，私をはじめ堀江小学校とみなさん，保護者の方との絆を深くするものになるように…

保護者のみなさん，1年間どうぞよろしくお願いいたします。この学級通信『voyage』では，時には，保護者のみなさんの声を紙面にて紹介させていただければと思います（匿名で）。学級や学級通信に対する感想を随時受け付けています。連絡帳やお手紙。懇談会等の時や電話でも結構ですので，随時お知らせいただければ幸いです。

子供達の大切な1年間。保護者のみなさんと意思疎通を図りながら，子供達が毎日安全で楽しく学校に通うことができるクラスになるよう，精一杯努めたいと考えています。どうぞよろしくお願いいたします。

2 クラスのみなさんよろしくね　2年

1 子供達の作文や作品を掲載する時に注意すること

通信には，子供達の作文や作品を載せることがあります。その際，気をつけておかないといけないことは「特定の子に偏るのではなく，できる限り全員分を掲載するようにする」ということです。本書では，紙面の都合上，学級の児童全員分は載せていませんが，実際に発行する際には，通信何枚かにわたっても全員分掲載することが望ましいでしょう。

とはいっても「こういうところがお手本になるので，この作品を掲載したい!!」と思う場面もあると思います。そこには先生の教育的な意図が反映されているはずです。そういった時は特に，知らず知らずのうちに，同じ子供の作品ばかりが通信に載ってしまっている可能性が高いです。私は，１人の子供だけが頻繁に載るようなことがないように，特定の児童を抽出して掲載した場合は，名簿にその日付と内容を記入するようにしていました。そうすれば「いつもＡさんばかりになっているので，今回はＢさんの作品にしよう」と思い，偏りなく掲載することができます。

次に注意しなくてはいけないことは，作文や学習カードを載せるような時です。子供の書いた字をそのまま掲載する時には，誤字脱字を含めて相当な点検が必要で，万が一，誤字脱字があるまま載せてしまったら，その子の間違いを全保護者に知らせてしまうことになるからです。学校や学級の実態にもよりますが，子供の作文や学習カードを掲載するような時は，Word 文書で打ち直して活字で紹介する方がよいでしょう。入力しながら，子供の誤字脱字を修正するようにします。子供達には，事前に「誤字脱字や文章がおかしい時は，内容を変えないようにして直して載せるようにするからね」と同意を得ておくとよいでしょう。

掲載する児童があまり偏らないように名簿でチェック

まとめ

- ➡ 子供の作文や作品を載せる時は，特定の子供に偏らないように点検をしよう
- ➡ 子供の字をそのまま載せる時には，誤字脱字を十分に点検するようにしよう

smiley（スマイリー） W（ダブル） ピース no. 2

2年2組学級通信
校長 ○○ ○○
担任 ○○ ○○
平成31年4月9日

クラスのみなさんよろしくね 

新しい学年・クラスになって，みなさんまだドキドキして緊張しているようです。子供達の表情からは「早く友達と仲良しになりたいな」という思いがあふれています。そこで，友達のことを少しでもたくさん知ってもらうために，自己紹介カードを書きました。内容はもちろんのこと，書き方にも注目して，その子らしさやその子のよさを感じて欲しいです。保護者のみなさん，子供達の可愛い表現をご堪能ください。

堀江太郎
好きな食べ物：焼肉
好きな教科　：音楽
ライオンに似ています。
理由は，お肉が好きなことと力が強いからです。

明治敏夫
好きな食べ物：カレー
好きな教科　：体育
チーターに似ています。
理由は，走るのが好きで速いからです。

岡本花子
好きな食べ物：りんご
好きな教科　：算数
うさぎに似ています。
理由は，家で飼っているうさぎと似ていると思ったからです。

川村えみ子
好きな食べ物：グラタン
好きな教科　：生活
犬に似ています。
理由は，ボール遊びが得意だからです

↑自分がどんな動物に似ているのかを書いてもらいました。子供らしい可愛らしさが文面から伝わってきます。
※学習参観の時には，全員分，教室に掲示していますので，是非ご覧ください。

持ち物を確認しよう

今日から本格的に学習がスタートしました。学校の持ち物は，１時間目に子供達にも説明して確認しています。お家でも再度お子さんと一緒に確認してください。学習用具を揃えることは，スムーズに学習に取り組むために大切です。

筆箱の中
- 鉛筆（B～2Bのもの）5本
- 赤鉛筆　2本
- 定規（12～18 cmくらいのもの）
- ネームペン　1本
- 消しゴム

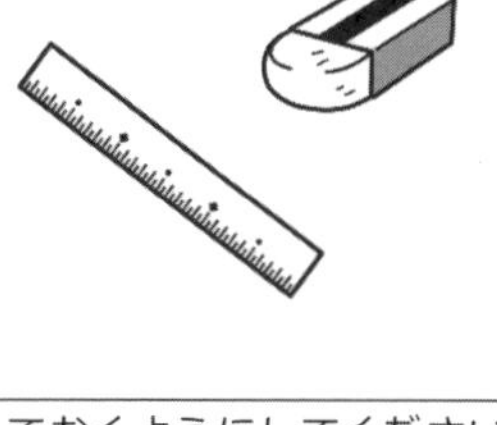

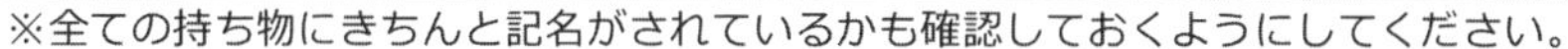

※全ての持ち物にきちんと記名がされているかも確認しておくようにしてください。

学校においておくもの
- 生活ワークシート
- 探検バッグ
- お道具箱（のり・はさみ・定規 30 cm・クレパス）
- 絵具セット

3 素敵な算数ノートを作って，自分の考えを整理しよう

4年

1 指導のポイントを示す

私の通信では，授業でどのようなことを意識して指導しているかのポイントを示すことがあります。右のページの学級通信は，算数のノートを書く際の指導のポイントを示しています。これは，保護者の方にどのような方針で指導しているのかを伝える目的以上に，子供達に授業で確認したことを改めて説明することができるよさがあります。時には間違いの多い問題を通信で取り上げ，配付時に子供達と一緒に確認するのも効果的です。

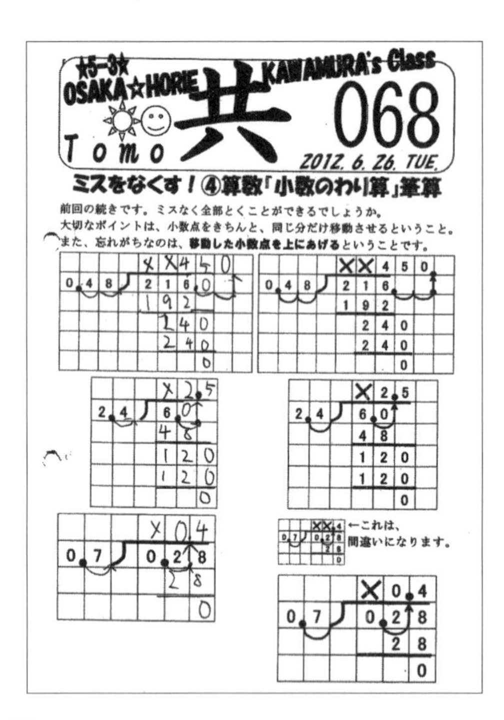
★5-3★
OSAKA☆HORIE
KAWAMURA's Class
Tomo
共
068
2012. 6. 26. TUE.

ミスをなくす！④算数「小数のわり算」筆算

前回の続きです。ミスなく全部とくことができるでしょうか。
大切なポイントは、小数点をきちんと、同じ分だけ移動させるということ。
また、忘れがちなのは、**移動した小数点を上にあげる**ということです。

←これは、間違いになります。

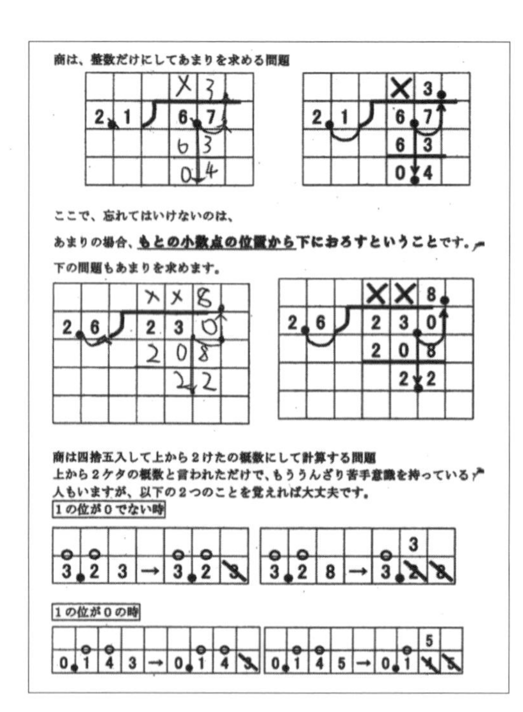
商は、整数だけにしてあまりを求める問題

ここで、忘れてはいけないのは、
あまりの場合、<u>もとの小数点の位置から</u>下におろすということです。
下の問題もあまりを求めます。

商は四捨五入して上から2けたの概数にして計算する問題
上から2ケタの概数と言われただけで、もううんざり苦手意識を持っている人もいますが、以下の2つのことを覚えれば大丈夫です。

1の位が0でない時

1の位が0の時

2 ノートの実物を掲載する時には

過去に子供達のノートを通信に載せた時に，「子供の書く文字が薄くて印刷するとよく見えなかった」という失敗をしたことがありました。子供の実物のノートのよさを学級通信でクラスに広めるためには，スキャンする前にひと手間が必要です。ノートをそのままスキャンするのではなく，一度，コピー機で濃い濃度でコピーしたものをスキャンするようにします。そうすれば，濃い原稿にはなりますが，子供の字をはっきりと学級通信に載せることができます。

まとめ

➡ 通信で示した指導のポイントは，配付時に子供達と一緒に再確認するようにしよう
➡ ノートをスキャンする時は，先にコピー機で原稿を濃くコピーしてからにしよう

4年3組学級通信
校長 ○○ ○○
担任 ○○ ○○
平成31年4月10日

係活動～みなさんで一緒に・楽しいクラス～

クラスのみなさんが楽しく学校生活を送るためには，係活動が欠かせません。そこでまず，係を決める前に，子供達に「係」と「当番」の違いを伝えました。

当番
当番は，クラスみなさんで分担し，協力して取り組むクラスには必ず必要な活動です。給食当番がいないと，スムーズに給食を食べることができません。掃除当番を決めていないと，きれいな環境で学習ができません。

係
係は，このクラスのみなさんが楽しく明るく過ごすために必要な活動です。実際に係を決めるにあたって「クラスのみなさんが楽しく過ごすことができる活動にする」「週１回以上，活動する」という２つのルールを作りました。

そして，次の係が誕生しました。

- **みなさん遊び係** … 火曜日と木曜日の20分休みにみなさん遊びを計画する。
- **ミュージックフォー** … 朝の会で，歌やリコーダーの練習をする。
- **スポーツ大好き係** … 体育の学習で，準備体操をしたり，必要な道具を準備したりする。
- **クラスの救急隊** … 毎日の健康観察をする。体調の悪い子がいれば保健室に連れていく。
- **４の３郵便局** … ノートやプリントを間違えず，配る。
- **生き物を育て隊** … 学習園で育てている植物の水やりや，クラスで育てている生き物のエサあげをする。
- **きれいにかざり隊** … 図工や習字の作品を壁に飾る。

※活動の様子については，随時，学級通信でお伝えしていきます。

素敵な算数ノートを作って，自分の考えを整理しよう 

素敵な算数ノートを作るために，次の５つのポイントに気をつけて指導しています。

ポイント１ **見開き１ページにまとめる。**

ポイント２ **「めあて」は，必ず左のページの初め。次に，問題がくる。**

ポイント３ **図・式・言葉・グラフ・表を使い，自分の考えや友達のいいなと思った考えをかく。**

ポイント４ **「まとめ」を赤鉛筆で囲む。**

ポイント５ **「わかったこと」や「気づいたこと」，「感想」等を振り返り，かく。**

※是非，５つのポイントに気をつけてご家庭でも確認し，子供達の頑張りを褒めていただけたら幸いです。

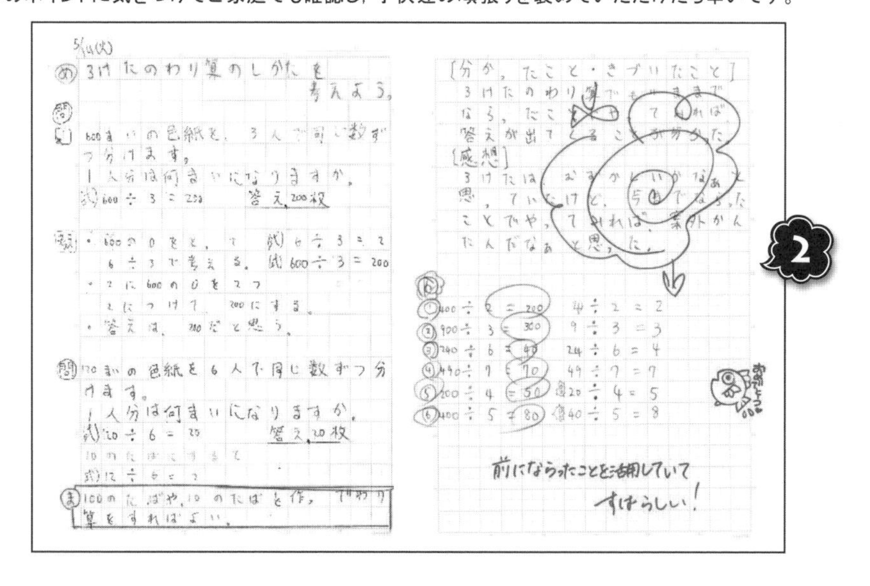

4 委員会活動が始まります ～学校のために活動しよう～

5年

1 子供達同士の想いや考えを紹介する

本校では５年生から委員会活動が始まります。子供達は「どの委員会が，どのような活動を，どのような思いや考えで取り組んでいるのか」については，あまりよく理解していません。そこで，子供達の委員会に対する想いや考えを通信で交流することで，自分の委員会だけではなく，他の委員会の活動を知ることができます。他の委員会の活動を知ることで，学校のためにどのようなことをしているのかを広く知ることができます。「あぁ，狩野さんも集会委員会の活動を頑張っているんだな。僕も運動委員会の活動を学校のために頑張ろう」「図書委員会は本の整理で苦労しているんだな。私も図書室へ行った時に少し注意するようにしよう」と，友達の想いを学級通信から知ることができます。

まとめ

➡ 活動をしている人にしか分からない・見えない思いや考えを通信で交流しよう

コラム❶ 「学級通信」は教師としての指導力向上につながる

学級通信の記事には，クラスでの教育活動とその活動の中で成長していく子供の姿が書かれます。したがって，記事の中には先生自身の教育観（児童観，教材観，指導観，評価観，学力観等）が如実に表れます。クラスの教育活動に関して，先生自身が取組の意味や目的，取組の過程や結果に表れる子供のよき姿について，保護者に理解してもらえるように書くわけですから，日頃，自身が大切にしている教育者としての思いや願いが記事に反映されます。例えば，子供の写真１枚にしても，なぜその写真を選んだのかという教師としてのセンスが表れますし，子供のよき姿を記事にする際にも，なぜその子供の姿が素晴らしいと評価しているのかが記事に表れます。

学級通信の中に表れる教育観を高める方法の１つに記録（児童観察，授業記録等）があります。自分の教育活動を客観的に振り返る材料となり，ひいては記事の材料ともなります。スマホがあれば簡単にできる効果的な実践です。

心の花を咲かせよう 4

5年4組学級通信
校長 〇〇 〇〇
担任 〇〇 〇〇
平成31年4月11日

委員会活動が始まります～学校のために活動しよう～

来週の15日（月）より，委員会活動が始まります。委員会活動は，5年生と6年生が児童の代表として学校生活の様々な場面で活動を行います。5年生からは家庭科や宿泊学習等，色々な新しい学習が始まりますが，委員会活動もそういった新しく始まる学習の一つです。子供達には，一つ一つの活動を確実・丁寧に行っていく大切さと，学校や誰かのために働くことの大切さや責任感を学び取って欲しいと願います。

ぼくは，放送委員会に入りました。給食の時間にその日のこん立てをお知らせしたり音楽放送をしたりするのが楽しみです。放送委員会は，運動会の放送もします。うまく話せるか心配ですが，毎日音読の宿題を頑張って，上手に話せるように練習していきたいと思います。

私は，委員会活動が始まるのがずっと楽しみでした。1年生のころから木曜日の集会で，集会委員会の人たちが楽しいゲームやクイズをしてくれるのが大好きだったからです。そして私があこがれていた集会委員会に入ることができました。集会委員会は，練習が大変だと聞きましたが，つらい練習も乗りこえて，みなさんを楽しませる集会を開きたいです。

ぼくは，運動委員会に入りました。運動委員会は，休み時間にボールの空気入れをしたり，放課後にグラウンドの整備をしたりします。ぼくは体を動かすのが大好きなので，みなさんに外でもっと遊んでもらえるように，頑張りたいです。運動会でも，用具の準備や片付けを手伝うので，これまでで最高の運動会になるように頑張りたいと思います。

私は，飼育・栽培委員会に入りました。飼育・栽培委員会では，校庭で飼っている動物の世話と，学習園の花を育てます。私はマンションに住んでいるので，ペットが飼えませんでした。動物は小さいころから大好きだったので，この委員会に入って世話をするのが楽しみです。学習園の花も，みなさんにきれいだと思ってもらえるように大切に育てたいと思います。

どの仕事も子供達にとって初めてのものなので，緊張したり不安に感じていたりする子もいるようです。しかし，今まで自分達が見てきた先輩のように，頼りがいのある上級生を目指して頑張って欲しいと思います。

社会授業開き ～5年生の社会科は？？？で分かる～

学校は楽しいのが一番だと思っていますので，子供達とはたくさん遊びたいと思っています。しかし，学校生活の大半は授業であり，楽しく学ぶ環境作りや，更なる学力向上は私の使命です。授業も子供達が主体的に深く学べるものにしていきたいと考えています。4月10日の3時間目に社会の学習を行いました。新年度が始まって，子供達にとっても，私にとっても最初の授業だったので，お互いにとても緊張しながらの授業でした。まず五円玉を見せ「5年生の社会科の学習はこの五円玉に描かれているよ」と言うと，子供達からは「え～っ」と驚きの反応が返ってきました。

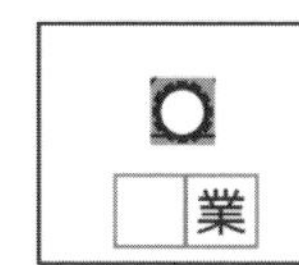

五円玉を分けて見てみると，それぞれ稲，海，歯車の形をしています。五円玉に描かれた絵はそれぞれある産業を表しているのです。つまり稲は「農業」，海は「水産業」，歯車は「工業」を表しているのです。産業とは人々が生活する上で必要とされるものを生み出すことだと補足説明をしました。5年生ではこうした産業について学習していきます。「どんなことを学習していきたいですか？」と聞くと，「このあたりでは畑を見かけないけど，どのようにお米や野菜を作っているのかな？」「僕は魚釣りが大好きだけど，コツってあるのかな？」「工場でいったい何を作っているのかな？」等と返ってきました。

最後に「社会科は調べて考える学習だ」ということを説明し，授業を終えました。授業を受けるのではなく，子供達自らが疑問をもち，調べて考える学習を目指していきます。

5 Hello! Foreign languages

5年

字の大きさやフォント，行間を検討する

学級通信の文字の大きさやフォント，行間等は，作成者の好みです。しかし，あまりに統一感のない字の大きさやフォントでは，子供達も保護者の方も読みづらいです。本書に載せている学級通信では，例外を除いて以下のように統一しています。学級通信を新たに発行する際には，年度当初に何度かパターンを変えて印刷して見やすさを比べてみるといいですね。

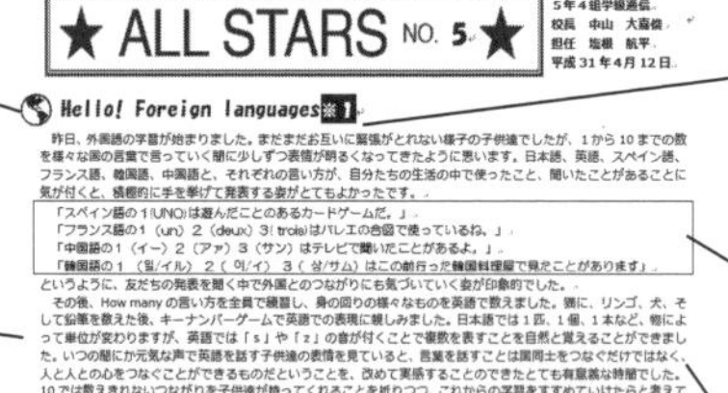

★ ALL STARS NO. 5 ★

5年4組学級通信
校長　中山　大嘉俊
担任　塩根　航平
平成31年4月12日

Hello! Foreign languages※1

昨日、外国語の学習が始まりました。まだまだお互いに緊張がとれない様子の子供達でしたが、1から10までの数を様々な国の言葉で言っていく間に少しずつ表情が明るくなってきたように思います。日本語、英語、スペイン語、フランス語、韓国語、中国語と、それぞれの言い方が、自分たちの生活の中で使ったこと、聞いたことがあることに気が付くと、積極的に手を挙げて発表する姿がとてもよかったです。

「スペイン語の1(UNO)は遊んだことのあるカードゲームだ。」
「フランス語の1（un）2（deux）3（trois）はバレエの合図で使っているね。」
「中国語の1（イー）2（アァ）3（サン）はテレビで聞いたことがあるよ。」
「韓国語の1（일/イル）2（이/イ）3（삼/サム）はこの前行った韓国料理屋で見たことがあります」

というように、友だちの発表を聞く中で外国とのつながりにも気づいていく姿が印象的でした。

その後、How manyの言い方を全員で練習し、身の回りの様々なものを英語で数えました。猫に、リンゴ、犬、そして鉛筆を数えた後、キーナンバーゲームで英語での表現に親しみました。日本語では1匹、1個、1本など、物によって単位が変わりますが、英語では「s」や「z」の音が付くことで複数を表すことを自然と覚えることができました。いつの間にか元気な声で英語を話す子供達の表情を見ていると、言葉を話すことは国同士をつなぐだけではなく、人と人との心をつなぐことができるものだということを、改めて実感することのできたとても有意義な時間でした。10では数えきれないつながりを子供達が持ってくれることを祈りつつ、これからの学習をすすめていけたらと考えています。

体育の授業開き※1

～友達と仲良く体ほぐしの運動を楽しもう～

今日から、体育の学習が始まりました。子供達に伝えたことは次の2点です。

・体育の学習を通して、運動の楽しさや心地よさを知ること
・体育の学習を通して、クラスの友達と仲良くなること

そして、簡単な準備運動の後、次の運動を始めました。

△真剣に話を聞くことができましたね

△バランスボール渡し　△体じゃんけん　△ボール運び　△4人で大縄くぐり

みんな大盛り上がりでした。
途中、ペアを組んで運動をすることがたくさんありました。先生は、クラスの友達の誰とでもすぐにペアを組むことができるクラスを目指しています。例えば、男子と女子ではすぐにペアを組むことができない場面が今日見られました。少し残念でしたが、運動が進むうちに次第にスムーズにペアを組んで学習を進めることができていました。ペアや3人組をつくって学習を進めていくことは、体育科だけではなく、様々な教科の学習で行います。
クラス全員が楽しく学習に取組むことができる。クラスを目指したいです。

タイトル文字の大きさは16ポイント 行間は，1行

本文文字の大きさは9ポイント 行間は，固定値13ポイント

本文太文字の大きさは9ポイント 行間は，固定値18ポイント

※用紙サイズA4設定の場合

タイトルの字体は，HGP創英角ポップ体

子供の感想等の字体は，HG丸ゴシックM-PRO

本文の字体は，メイリオ

図を説明する言葉の字体は，MSPゴシック

授業の様子を伝える

ここでは，体育の授業開きで「子供達に伝えたこと」「取り上げた運動」「子供達の様子」を載せています。保護者の方に，実際にどのような内容を学習したかを伝える手立てとして学級通信は最適です。写真とともに，先生の解説や授業の様子も併せて載せるようにしましょう。

また，授業中に子供達から出てきた意見を書き込んだ板書や子供の振り返りカードを載せることで，授業の様子をより鮮明に伝えることができます。

授業中に書いた振り返りカード

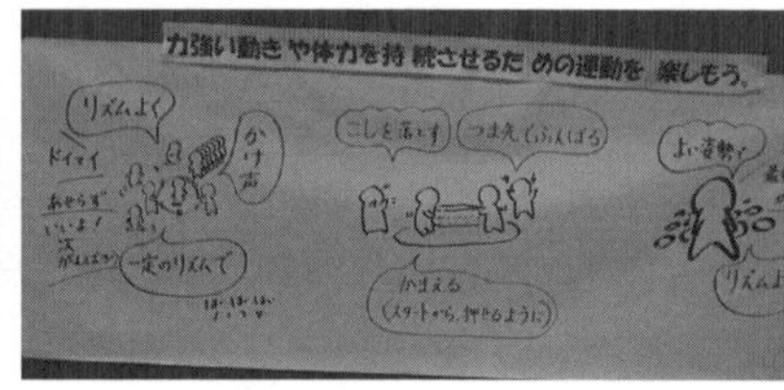

子供達の意見をまとめた板書を写真に撮って載せることも

まとめ

➡ 子供達や保護者の方が読みやすいように，文字の大きさやフォント等を工夫しよう
➡ 授業の様子は，子供達の様子や指導のポイントを具体的に書こう

5年4組学級通信
校長　〇〇　〇〇
担任　〇〇　〇〇
平成31年4月12日

Hello! Foreign languages 

昨日から，外国語の学習が始まりました。友達同士まだまだ互いの緊張が取れない様子の子供達でしたが，１から10までの数を様々な国の言葉で言っていく間に少しずつ表情が明るくなってきたように思います。日本語・英語・スペイン語・フランス語・韓国語・中国語と，それぞれの言い方が「自分達の生活の中で使ったこと」「聞いたことがあること」に気がつくと，積極的に手を挙げて発表する姿が見られました。

「スペイン語の１(UNO)は遊んだことのあるカードゲームの名前だ」
「フランス語の１（un）２（deux）３(trois)はバレエの合図で使っているね」
「中国語の１（イー）２（アァ）３（サン）はテレビで聞いたことがあるよ」
「韓国語の１（일イル）２（ 이イ）３（ 삼サム）はこの前行った韓国料理屋で見たことがあります」

その後，How many の言い方を学習し，身の回りの様々なものを英語で数えました。猫に，リンゴ，犬，そして鉛筆を数えた後，キーナンバーゲームで英語での表現に親しみました。日本語では１匹，１個，１本等，物によって単位が変わりますが，英語では「s」や「z」の音が付くことで複数を表すことをここでは自然と覚えることをねらいとしています。元気な声で英語を話す子供達の表情を見ていると，言葉を話すことは国同士をつなぐだけではなく，人と人との心をつなぐことができるものだということを，改めて実感することのできたとても有意義な時間でした。10では数えきれないつながりを子供達がもってくれることを祈りつつ，これからの学習を進めていけたらと考えています。

体育の授業開き 2

～友達と仲良く体ほぐしの運動を楽しもう～

今日から，体育の学習が始まりました。子供達に伝えたことは次の２点です。

- **体育の学習を通して，運動の楽しさや心地よさを知ること**
- **体育の学習を通して，クラスの友達と仲良くなること**

そして，簡単な準備運動の後，次の運動を行いました。

△真剣に話を聞くことができましたね

△バランスボール渡し

△体じゃんけん

△ボール運び

△4人で大縄くぐり

どの運動も，みなさん大盛り上がりでした。途中，ペアを組んで運動をすることがたくさんありました。先生は，クラスの友達の誰とでもすぐにペアを組むことができるクラスを目指しています。例えば今日は，男子と女子ではすぐにペアを組むことができない場面が，垣間見えました。少し残念でしたが，運動が進むうちに次第にスムーズにペアを組んで学習を進めることができていました。ペアや３人組をつくって学習を進めていくことは，体育の学習だけではなく，様々な教科の学習でも行います。これからも全員が楽しく学習に取り組むことができるクラスを目指していきます。

6 学級目標が決まりました！

3年

4月 5月 6月 7月 9月 10月 11月 12月 1月 2月 3月

1 学級目標を紹介する

子供達も先生も，新しいクラスにも慣れ，いよいよ学級づくりの本格的なスタートです。「自分達がどのような学級にしたいのか」について学級活動の時間に，話し合って学級目標を決めていきます。通信では，その決まった学級目標を載せるだけではなく，決まるに至るまでの話し合いの様子・その経過も併せて紹介するとよいでしょう。子供達がどのように話し合って学級目標を決めたのかは，保護者の方もとても関心が高いことだと思います。

2 読み聞かせた本を紹介する

子「今日，先生に絵本を読み聞かせしてもらったんだ。今度図書館へ行って借りたい」
親「じゃあ，その本を土曜日に図書館で借りようね。なんていう本なの」
子「えーっと，なんていう本だったかな。間違えてはいけないみたいなものだったような…」
親「なんていう名前の本かわからないと，借りれないわ。先生に月曜日に聞いてきて」

子供達が学校で出会った本のタイトルや作者等の細かな情報を，必ずしも全員が全て覚えているとは限りません。そういった時のために，通信に本の読み聞かせをした本のタイトルや作者，そのあらすじを少し載せておくとよいでしょう。興味をもった子供は，同じ作者の本を他にも読むようになるかもしれません。以前出会った先生の中に，毎日絵本の読み聞かせをしている先生がいました。その先生は，読み聞かせた本のタイトルと作者を毎日連絡帳に書かせるようにしていたそうです。そして，通信には「子供達が好きな４月の本ランキング」と月ごとにまとめて載せていました。通信から，子供達に本の魅力を届けてみてはいかがでしょうか。

まとめ

- ➡ 学級目標を載せる時は，決定した目標だけではなく，その経緯まで載せるようにしよう
- ➡ 読み聞かせをした本のタイトルや作者を通信にも載せるようにしよう

《通信作成のヒント》実物紹介 ❶　～ 一粒で三度おいしい一覧表 ～

☆5-3☆ OSAKA☆HORIE
Tomo 共 003
2012. 4. 10. TUE.

まず、自分にできることをしよう

1学期 一人一当番表

当番活動は、毎日同じ手順で学級全体に奉仕する活動です。いいかえれば、学級全体にかかわる活動であるから、学校生活を送るにあたり子ども達も、私もなくてはこまる仕事・活動であるといえます。

当番活動等の名簿は，学級通信に一覧表にして載せるようにしていました。保護者の方にもどのような活動をしているのか趣旨・一人一人の役割を理解してもらうためです。この表を使って，教室の背面にも掲示物として貼ることもできます。また，違う学年を担任した時にも，この一覧表を見てどのような当番があったかなと見直すこともできます。

3年5組学級通信
校長　〇〇　〇〇
担任　〇〇　〇〇
平成31年4月17日

学級目標が決まりました！ 

始業式から，1週間。3年5組のみなさんは，少しずつ新しいクラスでの生活に慣れてきたようです。「どんなクラスにしたいかな」というテーマで，学級活動の時間に話し合いました。

「みなさんが笑顔いっぱいのクラス」

「一生けんめい，行事に取り組めるクラス」

「友達に優しいクラス」

「勉強も頑張るけど，みなさんで楽しいこともできるクラス」

等，色々な考えを発表し合いました。そして，その結果，学級目標は次のように決定しました！

心ひとつに，何事にも全力で取り組むクラス！

運動会，学芸会，作品展等の行事や，3年生から新たに始まる書道・リコーダー・社会科や理科の学習等，子どもたちの中には，得意なこともあれば苦手なこともでてくるでしょう。一人一人の個性を大切にして，困ったことがあればみなさんで助け合い，嬉しいことがあればみなさんで喜び，心ひとつに何事にも挑戦していきたいですね。3年5組が学級目標に近づくように，先生もみなさんとともに頑張ります!!

絵本の読み聞かせ　教室はまちがうところだ 

作：蒔田晋治
絵：長谷川 知子
子どもの未来社

朝の読書タイムは，習熟度学習の担当の川瀬先生が絵本の読み聞かせをしに教室に来てくれました。読んでくださった絵本は「教室はまちがうところだ」でした。この絵本のように，たくさん手を挙げて発表し，間違えることを恐れてはいけません。間違いの中からみなさんで考えて伸びていくことができるクラスにみなさんでしていきましょう。

1時間目の算数の時間には，少し説明するのに戸惑っている友達に対して「間違えたっていいやん」「積極的に発表していいクラスつくろうや」と言う坂口さんと堀江さん。早くもクラスにいい雰囲気が流れてきました。今後も様々な機会に，多くの本の読み聞かせをしたり，本の紹介をしたりしようと考えています。

自分にできることをしよう

当番活動は，毎日同じ手順で行う一人一人の活動です。自分の役割を果たすことができるようにしましょう。当番活動にあたり，子供達と約束したのは次の3点です。

①当番活動が済んだら，自分の名前札を「済」のところに移動させる。

②その日に自分の役割がなかったら，代わりにミニほうきで教室の隅を掃除する。

③下校する前に，今日の自分の当番活動を終えることができているかを確認する。

連絡　学級写真を販売しています

先週の4月14日（火）に撮影した学級写真の購入を希望される方は，4月26日（水）の学習参観日翌日までに所定の封筒にお金を入れて担任まで持ってくるようにしてください。学習参観時には，教室の入り口にその写真を掲示していますのでご覧ください。

※お金は，先生が教室に来てから直接渡すようにしてください。朝，先生が教室に来るまでに，先生の机の上に置いてはいけません。

7 ご参観ありがとうございました 1年

① 学習した内容を紹介する

通信には，学習参観で学習した活動を載せるだけではなく，その活動を取り入れたねらいも書くようにしましょう。研究授業の時のように，学習指導案の形式で書くのではなく，保護者の方に分かりやすいということを第一に書くことが大切です。

★5-3★
OSAKA☆HORIE
KAWAMURA's Class
Tomo 共 020
2012. 4. 23. MON.

たくさんのご参観ありがとうございました

先日の金曜日のご参観ありがとうございました。
5年生より始まった、外国語活動の授業をしました。
ウォーミングアップでは、外国語に親しむために、Hello Song をみんなで歌いながら踊りました。（画像は、昨年の英語ノートに掲載しているものです。）この歌は、1年生のころに　　先生と外国語活動で学習していてほとんどの子が覚えていました。

次に、Ten Steps という one から ten まで歌いながら覚えることができる歌と動作を学習しました。この歌は、参観の時に初めて学習しました。途中、スピードを変えることによって、子どもたちは大いに盛り上がり、1から10までを学習しました。

この日のめあては、「Hello！世界のいろいろな言葉であいさつしよう」です。オルガンのリズムを使いながら、chant（チャンツ）をして、国の名前、あいさつの仕方を復習していきます。
途中、2人1組で真ん中に消しゴムを置き、キーワードとなる国の名前やあいさつが出てきたら、その消しゴムを素早く取るという、キーワードゲームとして、大いに盛り上がりました。

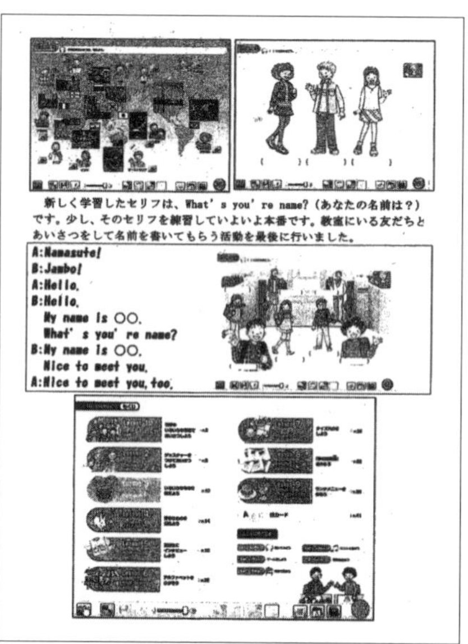
新しく学習したセリフは、What' s you' re name?（あなたの名前は？）です。少し、そのセリフを練習していよいよ本番です。教室にいる友だちとあいさつをして名前を書いてもらう活動を最後に行いました。

A:Namasute!
B:Jambo!
A:Hello.
B:Hello.
My name is ○○.
What' s you' re name?
B:My name is ○○.
Nice to meet you.
A:Nice to meet you, too.

◀学級通信の中のイラストや言葉は，文部科学省 " Hi,friends! " から抜粋しています

 通信には，学級懇談会での要点をまとめる

これまでの実感から，保護者の方は，仕事の合間を抜けて学習参観には参加できても，学級懇談会には参加できないという方が多いです。学級懇談会は，担任から保護者の方に学級経営の方針や指導上大切にしていることを伝えることができる絶好の機会です。参加できなかった保護者の方にも，どのようなことを伝えたのかについてを学級通信で知らせることで，保護者のクラスに対する理解が増します。特に次の4点については，通信に載せるようにしましょう。

① クラスの子供の様子
② 学級経営の方針・指導上大切にしていること
③ 行事の予定
④ 保護者の方に協力を求めること

まとめ

➡ 学習内容は，そのねらいも含めて載せるようにしよう
➡ 参加できなかった保護者の方に向けて，通信では学級懇談会で伝えたことを載せよう

1年6組学級通信
校長 ○○ ○○
担任 ○○ ○○
平成31年4月30日

ご参観ありがとうございました

昨日は，学習参観・学級懇談会にお越しいただきましてありがとうございました。入学から3週間，お子さんの様子はどうでしたか？　子供達は，朝から保護者の方が来てくれるのを楽しみにしているようでした。ドキドキしている子もいたようで，朝からソワソワしている子が多かったように思います。学習中は，たくさん手を挙げたり，逆に，手を挙げられなかったりした子もいたようでしたが，いつもどおりの姿を見てもらえたと思います。ご家庭でも子供達の頑張りを褒めてあげてくださいね。

国語の学習では，「あいうえおのうた」の音読をしました。毎日，宿題で読んでいるので大きな声でしっかり読むことができました。子供は，生まれてから耳で聞いて言葉を覚え，発声ができるようになります。そして，小学生になって「文字を読む・書く」活動をしていきます。「読むこと」から言葉を書くことへとつなげていきたいと考えています。

クラスでの音読の仕方例

①追いかけ読み　（一文ずつ，先生の後に続いて読んでいきます。読み方の姿勢や声の大きさに気をつけながら読みます。「高い声で」や「楽しそうに」等、変化をつけながら読んでいます）

②交代読み　（一文ずつ，交代で読んでいきます。列で交代，赤組白組で交代して読みます。また，一人ずつ友達と交代しながらの時は，友達の読みをよく聞いてチェックしながら読みます）

③間違い探し読み　（一文ずつ追いかけ読みですが，先生はわざと間違えて読みます。みなさんは正しく読めるかのテスト代わりですが，だまされないぞ！　ととっても集中して読んでいます）

④たけのこ読み　（自分で読む一文を決めて，自分の番にきたら立って読みます。一度に何人も立って読むのが，筍がにょきにょき生えるようなのでたけのこ読みといいます。なるべく他の人とかぶらないように選びます。誰も読まなかったら先生が読みます。先生に読まれたらみなさんの負けです）

⑤スピード読み　（すらすらと読むことができたか，倍の速さで読んで試してみます。最後まで，詰まらずに読むことができたら合格です）

学級懇談会では…

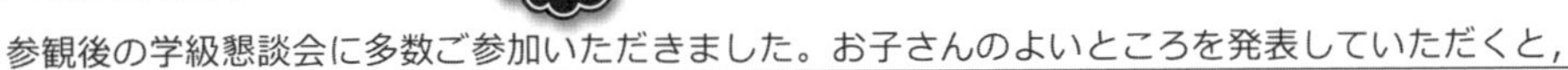

参観後の学級懇談会に多数ご参加いただきました。お子さんのよいところを発表していただくと，

- 優しいところ
- お手伝いをしてくれたり兄弟の面倒をよく見てくれたりするところ
- 素直なところ
- 一生けんめい頑張るところ

というのが多かったです。

学級懇談会に欠席されていた方もいますので，会の中でお伝えした内容の概要を以下に掲載します。

★こんなクラスに…★（みなさんが，安心して過ごせるクラスに）

- お互いに思いを伝え合えるクラス，友達のよさを褒め合えるクラス，互いの違いを認め合えるクラス
- 失敗を恐れずチャレンジでき，失敗してもそれを次に生かすことができるクラス

日々の学習や生活の中で「自分の思いや考えを伝え合えることができ，それを素直に聞くことができる」「頑張りや一人一人の違いを認め合うことができる」クラスにしたいと考えています。また初めてのことでも，「積極的にチャレンジできる，チャレンジしている友達を応援することができる」「失敗があっても，次も頑張ろうねという声をかけることができる」クラスにしていきます。

小学校生活，お家の方や子供達にとって色々なことがあると思いますが，何より，笑顔で登校し笑顔で下校できることが一番だと思っています。学習のことや，今後の予定についてもお話しさせていただきました。分からないことや気になることがあればいつでもご連絡ください。

8 目撃!!係活動の裏側！

3年

1 係活動の様子は，その裏側まで

係活動の様子を具体的に載せることで，クラスの様子を知らない保護者の方にも，活動の様子が具体的に伝わります。ただ，どの係がどのようなことをしたかと掲載するだけではなく，担任の先生しか知らないその活動の裏側まで載せると，保護者の興味・関心がより強くなります。時には，子供達に，係活動を紹介する作文を絵とともに書かせるのもいいでしょう。私は，いつも係活動の様子を動画に撮りためておきました。動画だと通信で伝えたい瞬間の様子を静止画で撮ることができるからです。また，動画は学級懇談会や個人懇談会の際にも保護者の方に見てもらうことができるので一石二鳥です。

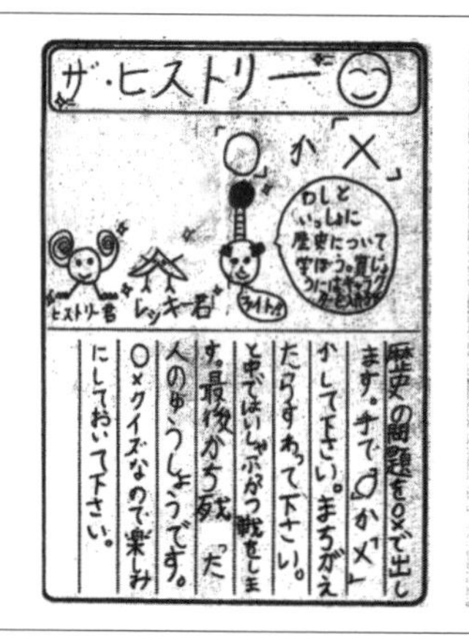

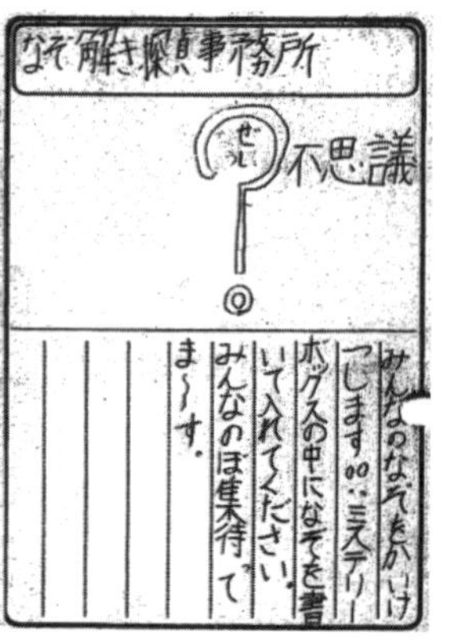

どの係がどのような活動をしているのかを紹介。
教室の背面掲示とともに，通信にも載せています。

★5-3★ OSAKA☆HORIE KAWAMURA's Class
Tomo 共 009
2012. 4. 16. MON.

係（会社）紹介 2

みんなでハッピー★ミ
IP会社

私たちがお題を二つ出すのでまずお題の目・鼻・口などを書いてその形を切ります。毎週お題が変わるので楽しみにしていてください★むずかしいお題も…出すかもよ～～！みんながんばってくださいね～～！

学級目標決まる！！
学級通信ナンバー6でのせた言葉の中から，学級目標が決まりました。
絆
やさしい心
友だちを助け合い，団結するクラス

まとめ

➡ 子供達の活動内容だけではなく，担任だからこそ知っているその裏側も載せるようにしよう

コラム❷ 通信を保護者の方に確実に読んでもらうために

通信を保護者のより多くの方に読んでもらうために，私は参観日には，廊下に最近発行した通信をまとめて置いておくようにしていました。例えば普段手紙をお母さんが管理しているとすると，学級通信を読むのは，その家族ではお母さんだけになってしまっているかもしれません。手紙を普段あまり目にしないお父さんも参観だけは仕事の合間をぬって出席される場合があります。そのお父さんが廊下に置いている通信を見て，これまでの通信も家で読んでくれたということがありました。通信は，子供やそのクラス，担任のことを知ってもらう大切な手紙です。より多くの保護者の方に読んでもらうための苦労は惜しんではいけません。

笑っていい夜

やっぱり no.8
5組が大好き！

3年5組学級通信
校長　〇〇　〇〇
担任　〇〇　〇〇
平成31年5月1日

目撃…‼ 係活動の裏側！

新学期が始まって約1か月!!　早くも係活動が動き出しています。今回は図書係とお笑い係の活動を紹介します。

図書係

どの本をいつ読み聞かせするのか計画を立てていました！　読む場所の役割分担も決めて準備ばっちりです☆

終わりの会でクラスのみなさんにおすすめの絵本を読み聞かせしてくれました。みなさんも本に夢中になっていました。

お笑い係

15分休みにお笑いライブが開催されました。大盛り上がりで教室は笑いの渦に巻き込まれました。

休み時間に教室の隅で何やら話し合い!?と思いきや…ネタ合わせ中でした。何回も何回も練習していました。

まきじゃくを使って体の色々な部位を測ろう！

今，算数では「長いものの長さのはかり方」を学習しています。まきじゃくを使って，教室や運動場等で，学校にある色々な長いものを測りました。子供達は，生活経験の中でまきじゃくを使う経験が非常に少なく「まきじゃくを使って長さを測り，長さをよむこと」がとても苦手です。例年，テストでも正答率が悪くつまずきやすいところでもあります。

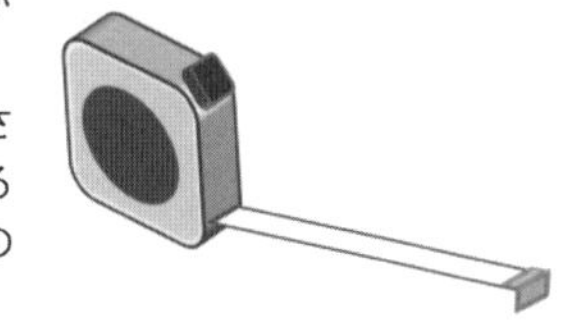

お家でも少しでもその経験を増やすために，裁縫道具のメジャー等を使って「長さを測り，よむ経験」を増やしていただけたら幸いです。測るものをどんなものにするのかも大切なので，できれば，木の幹等丸いものを測るとよいでしょう。お家の方の腕や太もも等，体の色々な部位を楽しみながら測るのも楽しいかもしれませんね。

リコーダーバトルに挑戦！

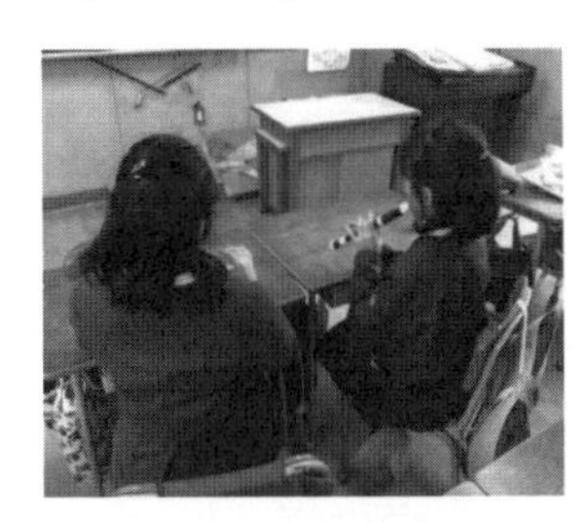

3年生になって初めて手にしたリコーダー。子供達は，これまで高学年のお兄さん，お姉さん達がリコーダーで素敵な曲をたくさん演奏しているのを聴いて，リコーダーに憧れていたようです。最初は，吹き口だけでどんな音が出るか試したり，指で穴を押さえると違う音が出ることを確かめたり，リコーダーでたくさん遊びました。次は，タンギングの仕方や左手で吹ける「ソ」「ラ」「シ」の音の練習をしました。

最近では，運指に慣れるために「リコーダーバトル」という活動をしています。ペアになって，「ソ」「ラ」「シ」で作ることができるメロディーを拍の流れに沿って，リズムを変えて演奏し合う活動です。津田さんが演奏したメロディーを聴いて，森さんが真似っこし，森さんが演奏したメロディーを津田さんが真似っこし，どちらかがひっかかるまで行います。この活動は，相手の音やリズムをよく聴かないと，真似をすることができないため，集中して相手の演奏を聴くようになります。「ソ」「ラ」「シ」の運指もずいぶん上手になってきました。「先生にリコーダーでチャレンジ！」のコーナーでは，子供達が次々とチャレンジしてくるので，私も負けじと必死になっています。子供達は，この活動が大好きで，休み時間もバトルをして楽しんでいます。これから，どんどんリコーダーで演奏できる曲も増えていくと思います。お家の方に披露できる日を楽しみにしておいてください。

9 家庭訪問が始まります

4年

1 家庭訪問の効率化を図ることができる

家庭訪問や個人懇談会等は，１人あたりの時間を10分から15分しか取ることができません。その時間を有効に学級経営に生かすために，通信で，事前にどのような話をするのかを明確に示しておくとよいでしょう。ここでは，新学期当初の家庭訪問なので「担任から保護者に伝えること」「担任から保護者の方に聞きたいこと」に分けて示しています。

2 児童が通信に文字や数字を記入する通信

新体力テストの結果は，保護者の方に知らせる必要があります。しかし，実態として結果表がない学校や，結果表があっても保護者の方に見ていただくことのない学校もあると聞きます。子供の体力の実態を保護者の方にも知ってもらい，子供と一緒に体の健康，体力向上を考えてもらうために，通信に体力テストの項目の一覧表を載せて，実施後に子供達に結果を記入させるようにします。確認のため，先生が一度回収して記録簿（もしくは，パソコン）のデータと照らし合わせます。子供達には，その後，手紙として持ち帰らせます。通信は「手紙だからそのまま持って帰る」という固定概念を持つのではなく，記録用紙としてデータを記入してから返却するという柔軟な使い方も有効でしょう。

まとめ

- ➡ 家庭訪問や個人懇談会では保護者にどのような話をするのかを事前に通信で伝えよう
- ➡ 体力テストの結果を子供達に記入させて，保護者の方にも子供達の体力向上について関心をもってもらおう

効率よく通信を発行する“とっておき”の時短ワザ ❶

～ 自動原稿送り装置（ADF）を利用してスキャンする ～

通信には，子供達の作品を載せることは欠かせません。子供達の作品をスキャンする時に，１枚１枚スキャンしていては，とても時間がかかってしまいます。私の職場のコピー機には，ADF スキャン機能が付いているので子供達の作品はまとめてスキャンするようにしています。

4年3組学級通信
校長 〇〇 〇〇
担任 〇〇 〇〇
平成31年5月2日

家庭訪問が始まります 

新学期が始まって1か月が経ちました。家庭訪問では，お子さんの様子を話し合い，より一層理解を深めて学級経営に生かしていきたいと考えています。ご協力お願いいたします。各家庭への訪問時刻については，先日配付しました家庭訪問の予定の手紙をご参照ください。

このようなことを話し合います。

- 授業中・休み時間の様子
- 友達関係
- 学校生活の様子
- 下校後の過ごし方，遊ぶ場所等

- 家庭での様子
- 習い事や夢中になっていること，特技
- 家に帰ってからの友達関係
- 給食について
- 健康上配慮を要すること（再確認）

※一家庭 10 分程度の訪問時間になります。学校のことで聞きたい内容をまとめていただけると，スムーズに進むかと思います。ご協力お願いいたします。
※学校のことや，クラスのことでご意見・ご質問等がありましたら，随時ご連絡ください

新体力テストを実施しました 

新体力テストの結果は，全国平均と比べて「高い・低い」という見方をしたり，友達と比べたりするものではありません。今の自分の体力を客観的に見て，「生活を見つめなおすこと」「生活の中に運動を組み込もうとすること」が大切です。例えば，長座体前屈の記録をアップさせようと感じたら，お風呂上がりに柔軟運動をするようにするのもよいでしょう。握力をもっと高めたいと感じたら「お風呂でグーパー運動を毎日 50 回する」という目標を立てて実行するのもよいでしょう。この機に，自分の体力や生活を見つめ直しましょう。

（名前　　　　　　　　　　）

項目		記録		得点
1．握力	右	1回目　　kg	2回目　　kg	
	左	1回目　　kg	2回目　　kg	
	平均	kg		
2．上体起こし		回		
3．長座体前屈		1回目　　cm	2回目　　cm	
4．反復横とび		1回目　　回	2回目　　回	
5．20mシャトルラン		折り返し回数　　回		
6．50m走		.　秒		
7．立ち幅とび		1回目　　cm	2回目　　cm	
8．ソフトボール投げ		1回目　　m	2回目　　m	
得点合計				
総合評価		A　B　C　D　E		

10 お兄さん・お姉さんにタブレットの使い方を教えてもらったよ！ 2年

1 学校の取り組みを分かってもらうチャンス

本校で年２回実施している保護者アンケートには「学校は情報公開をしている」という項目があります。私達は，その情報公開の手段の１つとして，保護者の方や地域の方々に向けて，子供達の様子をHPで発信しています。加えて学級通信でも学校での取り組みを紹介すると，保護者の方に更に学校の様子を伝えることができます。ここでは，６年生の児童が２年生の教室に来てタブレット端末の使い方を説明している様子を伝えています。単にクラスのことを伝える通信ではなく，学校全体のことも同時に知ってもらうことができる通信になればいいですね。

堀江小学校のHPには，いくつか運動会時に配付した通信が掲載されています

まとめ

➡ 学校全体の取り組みも通信で保護者の方に発信しよう

《通信作成のヒント》実物紹介 ❷ ～ 私の記念すべき第１号 ～

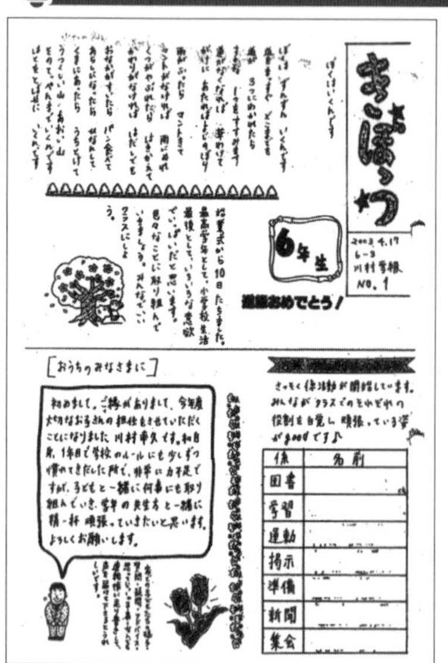

きぼう

2003.4.17
6-3
川村学級
NO.1

6年生

進級おめでとう！

始業式から10日たちました。最高学年として，小学校生活最後として，いろいろな意欲でいっぱいだと思います。色々なことに取り組んでいきましょう。みんなでいいクラスにしよう。

[おうちのみなさまに]

初めまして。ご縁がありまして，今年度大切なお子さんの担任をさせていただくことになりました川村幸久です。私自身，1年目で学校のルールにも少しずつ慣れてきだした所で，非常に力不足ですが，子どもと一緒に何事にも取り組んでいき，学年の先生方と一緒に精一杯頑張っていきたいと思います。よろしくお願いします。

さっそく係活動が開始しています。みんながクラスでのそれぞれの役割を自覚し頑張っている姿がgoodです♪

係	名前
図書	
学習	
運動	
掲示	
準備	
新聞	
集会	

初めて教壇に立った時，私は6年生の担任でした。この時は，手書きで学級通信を出していました。今，振り返ってみてみると，「あまり整っていない字なのによく手書きで出していたな…」とお見せするのも恥ずかしく感じます。この時は，自分が好きな詩や子供達の作文を中心に載せていました。タイトルは私が決めたのですが，通信には子供が描いた「きぼう」という文字を貼り付けていました。

卒業式当日の最後の学級通信は，前日にクラスのみなさんで撮った学級写真を30枚カラーコピーして１枚ずつ貼り付けて，手渡したことを今も鮮明に覚えています。みなさんにも，いつまでも大切にしたい学級通信の思い出はありますか？

smiley スマイリー W ダブル ピース no. 10

2年2組学級通信
校長 ○○ ○○
担任 ○○ ○○
平成31年5月14日

春の遠足に行ってきました

11日（金）に春の遠足として，1年生と一緒に天王寺動物園に行ってきました。天気に恵まれ，子供達もとても嬉しそうでした。電車に乗る時のマナーを守り，電車に乗ることができていて，1年生のお手本になりました。

動物園に着いてからは，クラスごとに園内を回りました。「カバが泳いでいる！」「ゾウが大きい！」と移動するたびに子供達は大興奮でした。

そして，待ちに待ったお弁当の時間です。友達と誘い合って，楽しそうに食べていました。たくさん歩いた後のおいしいお弁当は格別です。どの子もペロリと食べていました。

午後もまだ回れていない所を回ったので，たくさん歩いて疲れていたと思いますが，最後まで頑張って歩くことができました。子供達のさわやかな笑顔や優しいところがたくさん見られた，素敵な遠足になりました。

お兄さん・お姉さんにタブレットの使い方を教えてもらったよ！

本校では，例年，高学年の子供達が低学年の子供達にタブレットの使い方を教えに行く取り組みを行っています。今日は，6年1組のお兄さん・お姉さん達が，我が2年2組にタブレットの使い方を教えに来てくれました。

1年生の時には，電源オン・ログイン・シャットダウン等の基本的な操作の仕方や，写真の撮り方を教えてもらっています。今年は，更にレベルアップ!!　撮った写真を発表ノートに貼り付ける方法や，文字の入力の仕方を教えてもらいました。6年生がマンツーマンで教えてくれたので，みなさんあっという間に使い方をマスターしたようです。子供達は，自分で撮った写真に吹き出しを入れてみたり，説明を書き加えたりと，とても楽しそうに活動し，あっという間の1時間でした。

教えに来てくれた，お兄さん・お姉さんたちはとても優しく丁寧に声をかけてくれて，2年2組のみなさんも大満足。最後はみなさんで元気よく「ありがとうございました！」とお礼を言い，ハイタッチをしてお別れしました。

1年生と学校探検

昨日，堀江小学校の先輩として1年生と一緒に学校探検をしました。1年生と手をつないで校内を案内する係と，特別教室を説明する係に分かれました。まだまだ，学校生活に慣れない1年生に教室の場所だけでなく，学校の楽しさを伝える工夫もしました。使ったことのない特別教室については，上級生のみなさんにどんな部屋か教えてもらい，それを1年生に伝えました。教室以外にも，みなさんのお気に入りの場所を伝えました。

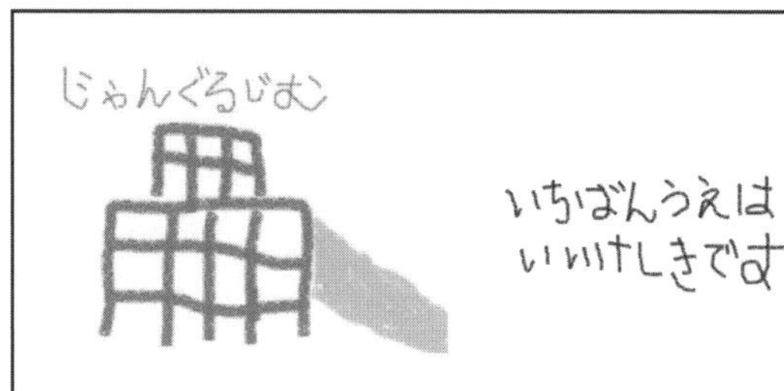

11 1＋1＝3!?

6年

1 子供達に伝えたそのままの言葉を通信に載せる

運動会本番に向けての学習で「先生が子供達に向かって真剣に話をする場面」「その子供達がその話を真剣に聞いて，自分の心に響かせている場面」を見ていると，１つのことに向かって先生も子供達も真摯に取り組む様子に心を打たれます。しかし，その先生が伝えたメッセージは，残念ながらその場に居合わせなかった子供達には伝わりません。

そこで通信で，先生が子供達に伝えた言葉そのままを通信に載せるようにすると，その場に居合わせなかった子供にも，保護者の方にも伝えることができます。例えば，団体演技を学年で指導する先生が話をした言葉であれば，先生の許可を得たうえで録音してあとで通信に打ち起こすようにしていました。

2 時に先輩からのメッセージを通信に

私が６年生を担任している時，卒業間近の３月になると，よくする活動があります。それは，下級生へメッセージを書くことです。例えば，最後の委員会活動を終えて教室に帰ってきた時には，委員会活動について作文を書かせるようにしています。そして，その先輩達からの生の声である「自分達がどのような思いで委員会活動に取り組んでいたのか」「委員会活動が私達の学校生活にどう関わっているのか」等についての作文を取りためておきます。

次年度以降，高学年を担任した時に通信に先輩からのメッセージとして掲載すると，子供達は身近な先輩からのメッセージをいつも以上に食い入るように読んでいました。先生がいくら「委員会活動は大切です。学校生活をよりよくするために活動しましょう」と言うより，先輩達からのメッセージは数段，子供達の心に響くことでしょう。

まとめ

➡ 子供達に伝えた先生の言葉は，そのまま通信に載せるようにしよう
➡ クラスの子供達やその保護者だけではなく，卒業生からの言葉も伝えよう

学級通信に使いたい“とっておきの○○”① 「名言（努力）」

・石の上にも三年という。しかし，三年を一年で習得する努力を怠ってはならない。（松下幸之助）
・目標を達成するには，全力で取り組む以外に方法はない。そこに近道はない。（マイケル・ジョーダン）
・今日できないものは明日もできない。いつもそう思って毎日を大切にしていきたい。（三宅宏実）
・走った距離は，裏切らない。（野口みずき）
・未来は明日つくるものではない。今日つくるものである。（ピーター・ドラッカー）

6年1組学級通信
校長　○○　○○
担任　○○　○○
平成31年5月22日

雨の日の過ごし方

雨のある日，狩野さんが私に「先生，１年生の教室へ行ってもいいですか」と聞いてきました。理由を聞くと「６年生の自分達が休み時間に外で自由に遊べなくて、毎日退屈してるということは，１年生の子達は，もっとすることがなくて，つまらない思いをしているのではないか」と考えたからだそうです。４月から「みなさんに頼られる６年生になろう」ということをクラスの目標にしてきましたが，こんなに早く素晴らしい姿を見ることができて先生は嬉しいです。

早速，その日の学級活動の時間に話し合い，雨の日の20分休みは，グループごとに１年生の教室に行って一緒に遊ぼうということになりました。私から１年生の先生に話をしましたが，みなさん大喜びで歓迎してくれました。

昨日，初めて１年生の教室へ遊びに行きました。１年生は今か今かと待っていてくれた様子で，６年生が教室に入って来ると大歓声で迎えてくれました。グループごとに分かれて，折り紙やお絵かき，ゲームを教室で一緒に楽しんでいると，あっという間に 20 分が過ぎてしまいました。別れを惜しむ子がたくさんいて，６年生はみなさんたじたじでした。教室に戻った６年生の顔にはいつもの休み時間では得られない満足感が見えた気がしました。

1＋1＝3！？ 1

運動会当日が迫ってきました。子供達は一生けんめいにフラッグを練習しています。全員が動きを覚えているし，フラッグの振り方も上手になっているのですが，何かが足りないな。そう思い，子供達にこんな話をしました。「みなさん，１＋１はいくつですか？」子供達はきょとんとした表情で，「２です」と答えました。そこで私が「違います。３です。１＋１＝３です」と言いました。子供達は更に困惑の表情を浮かべていました。

「確かに算数の学習においては１＋１＝２です。しかし，私達が生きて行く人生においては１＋１＝３なのです。みなさんが今やっているフラッグにしたって，１人では１の力しか出せません。しかし，２人よればその力を３にでも４にでもできるのです。みなさんでやれば，単純計算では測れないような大きな力が出て，奇跡を起こせるのです。それがみなさんで一生けんめいに取組むことの素晴らしさです。先生は今のみなさんの演技を見ていて，そこが足りないなと思います。確かに一人一人は素晴らしい。よくここまで頑張っています。でもそこで終わればただの個人プレー。大きな力は出せません。周りの友達をもっと意識してごらん。頑張っているのは自分だけではなく，友達も頑張っているんだよ。このフラッグのテーマである“想いをひとつに”。それをもう一度しっかりと意識して欲しい。みなさんと心も動きも揃った時，きっと今の何倍もの力が出て，多くの人を感動させることができると思います」

子供達はこれまで教え合い，支え合い，励まし合うことで，一人一人が成長してきました。私はこの運動会がゴールだとは考えていません。みなさんで協力することの素晴らしさ，フラッグを通してそれを体感して，卒業まで、そしてこれからの人生をみなさんと共に生きていって欲しいと考えています。

卒業生が語るメッセージ　～委員会活動編～ 

昨年度担任した卒業生に，昨年度の最後に来年度の委員会活動をする５年生のために，メッセージをもらっています。そのメッセージを紹介します。

私は，昨年度塩根先生のクラスにいたＨです。このメッセージを読んでもらう頃には，中学生になっていると思います。委員会活動は，自分達の学校をよくするためのものです。決して，与えられた仕事をするのではありません。自分達で，もっとこういうことをしたら学校がよくなる，楽しくなるのではという想いのもと，自分達で活動をしていくものです。５年生と力を合わせて，今，自分達にできることを考えてください。自分達でした活動は，楽しいですし，活動した後の達成感をとても感じることができると思いますよ。堀江の伝統を受け継ぎ，頑張ってくださいね。

12 「昆虫」と慣れ親しんでみましょう！

3年

1 通信で自然に親しむ態度を養う

私が小学生の頃は，友達と遊ぶ時にはきまって家の近くの公園でボールを使って遊んだり，虫を捕まえたりして遊ぶことが多かったです。今の子供達の様子を見ていると，これまで通り，外で遊んでいる子もたくさんいますが，昔よりは外で遊ぶ機会が減ってきているように思います。そこで，学級通信で虫や植物等，学習に関連させながら，自然に親しみを持ってもらえるような働きをするのも１つだと思います。１人でも学級通信を読んで虫に興味を持ってもらえれば嬉しいですね。

2 クイズ・ゲームが，通信を家庭の話題の中心にする

学級通信に学習したことの発展問題を載せるのもいいでしょう。ここでは，家でも親子で一緒に楽しむことのできる活動を紹介しています。「マッチ棒クイズ」「穴埋め漢字問題」等，大人も（これ，どうするんだっけ？）と迷う問題を載せると親子や兄弟姉妹の会話が弾むことでしょう。

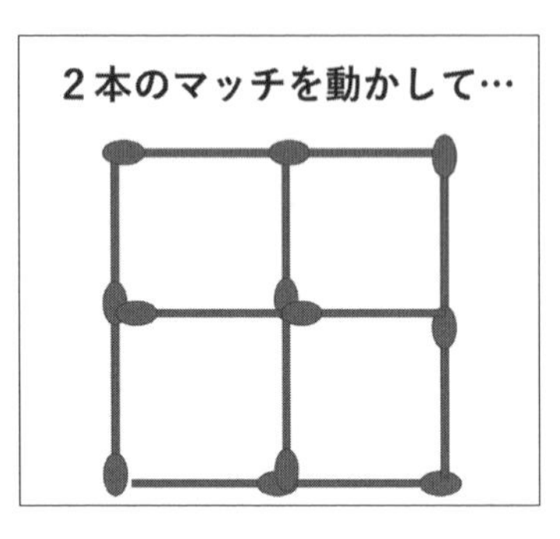

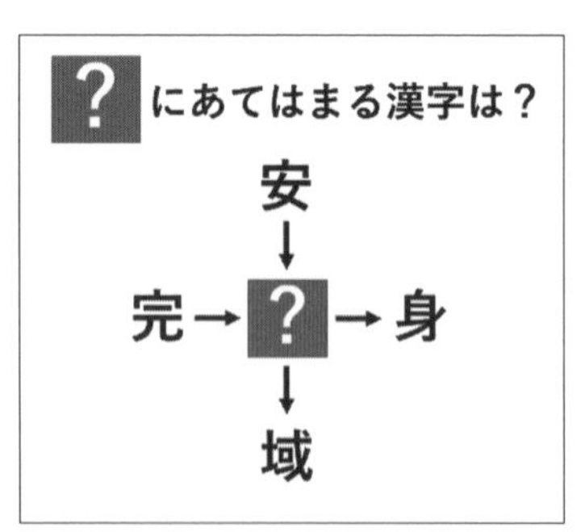

○にあてはまる漢字は？

① ○の上にも三年
② 一難去ってまた○○
③ 犬も歩けば○に当たる
④ ○に金棒
⑤ 急がば○れ

まとめ

➡ 先生の自己開示は通信ならでは。恥ずかしがらず，先生のことも載せてみよう

➡ 保護者の方と子供の通信には，親子で考える問題を載せることが不可欠。先生も楽しみながら，問題を載せるようにしよう

3年5組学級通信
校長 ○○ ○○
担任 ○○ ○○
平成31年6月5日

道徳「もし，新しい本がもう一さつあったら」

「もし，同じようにきれいな本がもう一さつあったら，それを送るべきでは？」

「もし，新しい本がもう一さつあったら」のあらすじ
被災地に自分の本を送ることになるが，送れそうな本は，とても大切にしている本しかない。その本を送るのかどうか，主人公は悩む・・・。ついに，主人公は本を送ることを選択します。そして…

「もし，同じようにきれいな本がもう一さつあったら，それを送るべきではないですか？」とみなさんに聞いた時，とても悩んでいましたね。教室が少しの間，静かになった後「きれいな本の方がいいんじゃない？」という声が聞こえてくる中，浦部さんの「やっぱり，思いのこもった本を渡す方が相手も喜ぶと思う」という発言。みなさんのなるほどと納得した顔。大いに悩んで考えているみなさんはとても素敵でした。道徳の学習では，常に考え続けて自分の意見をもち，それを友達と交流することが大切です。

＜授業後の振り返り＞

- 大切にした本だからこそ，もらった人もお手紙をくれたのだと思う。（浦部さん）
- 主人公は自分の大切にしていたものを相手のために手放すなんてすごいなと思う。（宮本さん）
- 主人公はとてもよい親切なことをしたと思う。自分も主人公のようになってみたい。（中辻さん）

「昆虫」と慣れ親しんでみましょう！ 

5月の下旬から，理科では「チョウを育てよう」という学習をしています。クラスの中には「昆虫は苦手…」という子が少しいますが，初夏に近づき，街にもチョウやハチ，テントウムシ等昆虫が増えてきています。子供達が虫に好奇心を抱く絶好のチャンスです。

学校では，モンシロチョウを「卵」から飼育する活動を行っています。食べ物は何か，体はどのような特徴か，どのように成長するのか…日々「生き物を飼育する」という課題の中で，子供達は昆虫と親しみ，生命と触れ合うことを学びます。

是非ご家庭でも，ハイキング等にお出かけした際は，一緒に自然と親しんでみてあげてください。

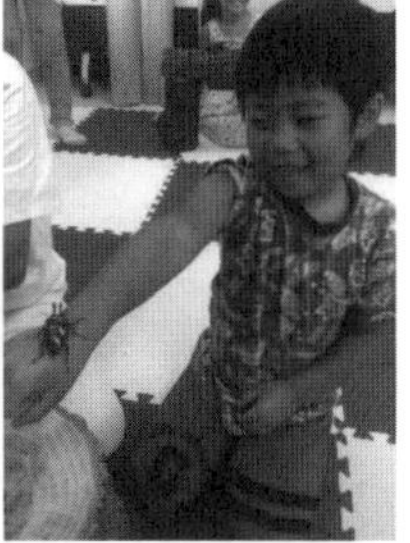

△先生の息子もカマキリとクワガタムシを見つけました

学習の発展!! 豆知識　算数を生かした活動 2

わり算の学習を終えました。算数の学習では正確に計算することだけではなく，問題を解くスピードも大切です。この前，少し早めに学習が終わったので，右のような活動を行いました。

まずは，肩慣らしにたし算から。２枚の和なので０から18までの答えになります。次にひき算では，大きい数から小さい数を引くようにします。０から９までの答えになります。かけ算では，０×０から９×９まで九九表の数が全て表れます。わり算では片方をもう片方でわるのではなくその２枚でできる２けたの数が積になるかけ算を答えるようにします。ゲーム感覚で，演算の素地を養うことができます。是非，ご家庭でもお子さんと一緒に楽しんでください。

０から９までのカードを２まいずつ用意する。

0　1　2　3　4　5　6　7　8　9

0　1　2　3　4　5　6　7　8　9

20枚のカードを裏向きにして、２枚めくると…
(例) めくった２枚が１と２

1　2　→・たし算　3　・ひき算　1　・かけ算　2
・わり算　積が12か21になるかけ算を答える

13 子供達の好きな絵本は？

1年

1 読書に興味・親しむ態度を養うために

子供達は先生が読み聞かせをしてくれた絵本が大好きです。子供達と絵本の世界をつないでくれるのも学級通信の魅力の１つです。学級通信に，子供達から集めた「お気に入りの絵本」をランキング形式で載せることで，まだその本を読んだことのない子供も興味をもつようになります。また，保護者の方に知らせることで子供と一緒に図書館へ行くきっかけにもなります。

2 学習の仕方を伝える

あまり学校のことを話さない子の場合は，保護者の方に今何をどのように学習しているのかが伝わりません。ここでは，「ひらがなを学校ではどのように学習（指導）しているか」について説明しています。他にも算数での計算の解き方や指導法を通信で知らせることで，家庭学習と学校での学習の連携を図ることもできます。

まとめ

- ➡ 先生の好きな本，クラスで読み聞かせをした本をたくさん発信しよう
- ➡ 学校での学習の様子やその指導法等，通信で保護者の方にもお知らせしよう

コラム❸ 「学級通信」は教師としての教育観を表出すべし

学級通信で保護者の方が一番知りたいのは，学校で子供がどのように慈しみ育てられ，その結果として子供がどのように変容しているかという情報だと考えます。

- ・ 学級での取組をどのようにした（する）のか
- ・ なぜそれをした（する）のか
- ・ その結果として子供がどのように育った（育つ）のか
- ・ 将来，子どもがどのような成長を遂げていってほしいのか　等

例えば，学校行事の予定を知らせる記事１つにしても，子供を慈しみ育てる手段としての学校行事という意味において紙面に載せるべき情報ですし，そのねらいを丁寧に知らせる必要があります。ねらいのない単なる個人的な旅行記のような記事で紙面を埋めるのではなく，先生として何を大切にしているのかが保護者の方に伝わるようにすべきです。

1年6組学級通信
校長　〇〇　〇〇
担任　〇〇　〇〇
平成31年6月7日

子供達の好きな絵本は？ 

今，子供達は図書室に行って好きな本を探したり，司書の先生におすすめの本を聞いたりして本を読んでいます。最近は，図書室に行くのがクラスの中で流行っているようで，20分休みには半数以上の子供達が図書室に行っています。今週から一人2冊借りることができるようになったので，教室でもその借りた本を読んでいます。色々なお話に出会って欲しいです。

6組のみなさんに聞きました！　好きな絵本ランキングBEST10

10位　いいからいいから（作：長谷川義史、絵本館）
9位　ニャーゴ（作・絵：宮西達也、鈴木出版）
8位　おこだでませんように（作：くすのきしげのり、絵：石井聖岳、小学館）
7位　パンやのろくちゃん（作・絵：長谷川義史、小学館）
6位　おおきくなるっていうことは（作：中川ひろたか、絵：村上康成、童心社）
5位　給食番長（作：よしなが　こうたく、好学社）
4位　きになるともだち（作：内田麟太郎、絵：降矢なな、偕成社）
3位　ともだちや（作：内田麟太郎、絵：降矢なな、偕成社）
2位　ぼくのふとん（作・絵：鈴木のりたけ、PHP研究所）
1位　いいからいいから②（作：長谷川義史、絵本館）

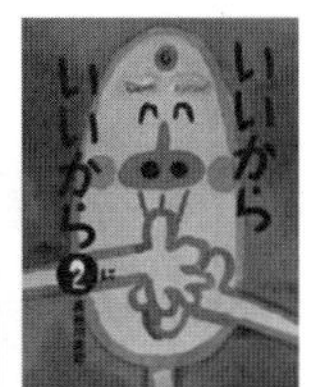

※校区内の府立図書館の方がおすすめしている絵本は，6位の「おおきくなるっていうことは」でした。6月6日現在では，ランキングに入った全ての絵本の貸し出しができるようです。休日には，保護者の方と相談して，府立図書館へも行ってみよう。

ひらがな学習が始まっています 

新しいひらがなの文字を学習する際は，鉛筆を持つ前に，指で何度も空書き（空中で指を動かす）と，指なぞり（お手本の上を指でなぞる）をしています。空書きをすると，書き順が正しいかどうか子供達の動きで，私が確かめることができます。全員が正しい書き順と，字形を覚えたらようやく鉛筆を持ちます。人差し指よりも上に親指がくるように注意し，姿勢を正して練習開始です。お手本を見ながら，中心線に気をつけてみなさん集中して書くことができています。

習ったひらがなを定着させるために，是非ご家庭でも周りにあるひらがなを一緒に読んであげてください。書くことよりも読むことのほうが，子供にとっては易しいと思います。何度もひらがなに触れることで自然と覚えていくことでしょう。また，絵本の読み聞かせも有効です。ひらがなを学習したからと言って，文のまとまりやお話の全体を読み取ることはまだまだ難しいものです。親子で一緒に「文字の世界を楽しむ」こともおすすめします。

体育の学習の時間は「忍者になりきって体を動かそう」

「サササササッ」体育の時間。子供達は，まるで忍者のように「ジグザグコース」や「ぐるぐるコース」等，色々なコースを巧みな動きで走り抜けています。

学習が進むにつれて，「もっと速く走りたい」「もっと色々なコースを走りたい」「こんな走り方を考えたよ」といった意見がたくさん出てくるようになりました。一生けんめいに頑張っているので，子供達は授業が終わるとたくさん汗をかいています。休み時間にも校庭に出て自分達で考えた走り方で遊ぶ姿もあり，子供達は体を動かすことを楽しんでいます。

14 水泳学習の前に…

2年

具体物を示して保護者に啓発する

本校では，水泳学習の日には「健康観察カード」に保護者の入水の許可の捺印をお願いしています。学年便りにも「水泳のある日は，朝の健康観察をしてプールカードにサイン・捺印をよろしくお願いします」という旨を書きますが，学級通信で実物の写真を一緒に載せることでより保護者の方に伝わりやすくなります。

水泳指導の担当者にカードの元データをもらって画像として貼り付けるか，実際のカードをスキャンして画像として貼り付けるとよいでしょう。

2 学習内容を紹介する

「うちの子，水が苦手だけど，授業ではどうなのかしら」「水泳学習に向けて，少し家でも練習できることはないかな。どんなことを学習するのかな」と不安に思う保護者の方も多いはず。ここでは，水泳学習のねらいを示すとともに，指導する上で注意していることを載せています。また，具体的にどのような活動をするのかを示すことで，不安に思っている気持ちを軽減することができます。

まとめ

- ➡ 保護者の方に特に伝えたいものは，通信で実物を載せるようにしよう
- ➡ 特に体育の学習では，具体的にどのような運動を，どのようにして学習を進めていくのかを示すようにしよう

《通信作成のヒント》実物紹介 ❸

～ 私の学級通信の起源 ～

私が小学校５・６年生の時の担任の先生は，土佐いく子先生でした。先生は作文や作品を中心に学級通信を出されていました。私は，先生の子供達に優しい，温かい目線の通信が大好きです。私の通信の原点はここにあります。時々，迷うことがあれば古くなったファイルを取り出して読むようにしています。

トライアングル

1991. 9. 17

NO. 269

伝記を読む

ぼくのお母さんも マザー＝テレサのように

どろにまみれて 運動会の練習だよ!

応援団もガンバル

smiley スマイリー W ダブル ピース no. 14

2年2組学級通信
校長 ○○ ○○
担任 ○○ ○○
平成31年6月11日

水泳学習の前に…

子供達が待ちに待った水泳の学習が始まります。事前準備として保護者の方にお願いがあります。以前，手紙でもお知らせしていますが，再度下の項目をチェックしながら，安全で充実したプール学習を子供達が行うことができるようにご協力をお願いします。

前の日までの準備はＯＫ？	今日は元気にプールに入れるかな？
□ つめは切ってありますか？	□ 朝ごはんを食べましたか？
□ 耳の掃除はしましたか？	□ 健康観察をしましたか？
□ お医者さんからの許可はありますか？ （受診中の病気や怪我がある場合）	□ 熱はありませんか？ □ 調子の悪い所はありませんか？
□ 夜は早めに寝ましたか？	※お家の方にも健康状態を確認してもらって水泳カードにサインをしてもらいましょう
□ 学習で使うものは記名されていますか？	

※水泳のある日は，朝の健康観察をしてプールカードにサイン・捺印をよろしくお願いします。

1

平成28年度 水泳学習体調調べカード 大阪市立堀江小学校

年　組（　　　　）

回	月／日	体温	水泳学習に参加できる・できない(理由)		保護者印	担任より
1	／	． ℃	できる	できない（　　）		
2	／	． ℃	できる	できない（　　）		
3	／	． ℃	できる	できない（　　）		
4	／	． ℃	できる	できない（　　）		
5	／	． ℃	できる	できない（　　）		
6	／	． ℃	できる	できない（　　）		
7	／	． ℃	できる	できない（　　）		
8	／	． ℃	できる	できない（　　）		
9	／	． ℃	できる	できない（　　）		
10	／	． ℃	できる	できない（　　）		
11	／	． ℃	できる	できない（　　）		
12	／	． ℃	できる	できない（　　）		
13	／	． ℃	できる	できない（　　）		
14	／	． ℃	できる	できない（　　）		
15	／	． ℃	できる	できない（　　）		
16	／	． ℃	できる	できない（　　）		
17	／	． ℃	できる	できない（　　）		
18	／	． ℃	できる	できない（　　）		

水泳学習がある日の朝には、必ず体温を測り、水泳学習に参加できる・できない（できない場合は簡単に理由を書いてください）を記入し、押印またはサインをお願いします。

＊ 押印がない場合は、プールに入ることができません。

保健室より

昨日の眼科検診で，1学期に実施する学校での全ての健康診断が終わりました。歯や耳・鼻・目等で「詳しくみてもらった方がいいよ」という場合は，受診のすすめを渡しています。病院には早めに行くようにしてくださいね。

楽しみにしていてね，水泳学習

2

2年生の水泳学習のねらいは「水に慣れること」「浮く感覚を経験すること」です。プールの中で浮いたり沈んだりと，水中での体の動かし方を学習します。家庭訪問の際に「水が苦手で顔をつけるのも怖い」ということを教えていただいたご家庭もありますので，子供達の実態をよく観ながら，少しずつ水に慣れることができるように指導していきます。子供達全員が水泳学習を楽しみつつ，目標を持って運動に取り組むことができるように進めていきます。

せなかにのって
スーイスイ
カニさん
チョキチョキ
お水チャプチャプ
もぐってポンッ
ばけつへGO

※準備運動の後の水慣れでは「忍者えもん」の曲に合わせて体を動かします。お楽しみに!!

15 じょうずに使おう！物とお金！

5年

1 親子の会話が増え，絆を深める

通信には，親子の絆を深める力があります。絆を深めるとは少しおおげさかもしれませんが，通信を通して親子の会話が増えるきっかけになるのではないかと考えています。ここでの事例は，家庭科の学習のお金の使い方についてです。右の通信を見た保護者の方は「じゃあ，一緒にスーパーへ行って買い物しようかしら」「今日の夕食はカレーにするから，家族４人分の材料を考えて一緒に買おうか」ということになるかもしれません。

下の通信は，総合的な学習の時間「気持ちのよい話し方をしよう」を学習した時のものです。ここでは学校生活で起こりうる様々な設定を基に，「どういう言い方で友達に頼みごとをしたり，友達との約束を断ったりすれば，相手も自分も嫌な思いをしないのか」を劇化して学習しました。高学年にもなれば，友達にうまく伝えることができないことから誤解が生じ，トラブルになることが多々あります。通信にその学習内容を載せることで，家庭でも親子で考えるきっかけになるのではないでしょうか。

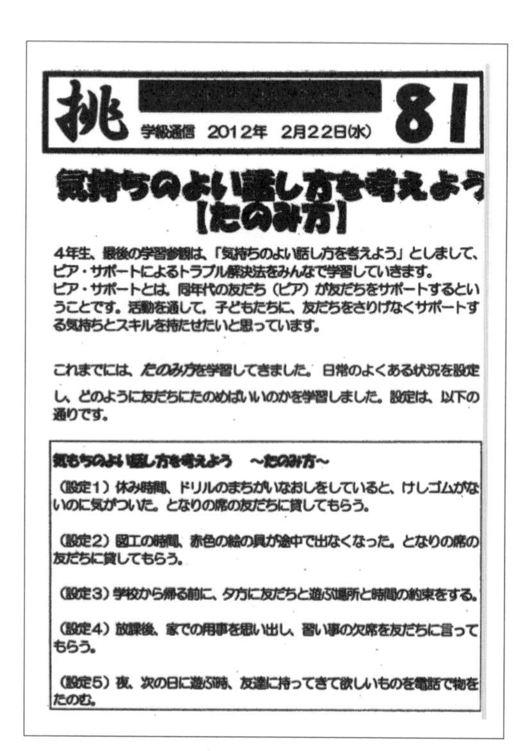

挑　学級通信　2012年　2月22日(水)　81

気持ちのよい話し方を考えよう【たのみ方】

4年生、最後の学習参観は、「気持ちのよい話し方を考えよう」としまして、ピア・サポートによるトラブル解決法をみんなで学習していきます。
ピア・サポートとは、同年代の友だち（ピア）が友だちをサポートするということです。活動を通して、子どもたちに、友だちをさりげなくサポートする気持ちとスキルを持たせたいと思っています。

これまでには、*たのみ方*を学習してきました。日常のよくある状況を設定し、どのように友だちにたのめばいいのかを学習しました。設定は、以下の通りです。

気もちのよい話し方を考えよう　～たのみ方～

（設定１）休み時間、ドリルのまちがいなおしをしていると、けしゴムがないのに気がついた。となりの席の友だちに貸してもらう。

（設定２）図工の時間、赤色の絵の具が途中で出なくなった。となりの席の友だちに貸してもらう。

（設定３）学校から帰る前に、夕方に友だちと遊ぶ場所と時間の約束をする。

（設定４）放課後、家での用事を思い出し、習い事の欠席を友だちに言ってもらう。

（設定５）夜、次の日に遊ぶ時、友達に持ってきて欲しいものを電話で物をたのむ。

断り方のよい例と悪い例を劇化した台本

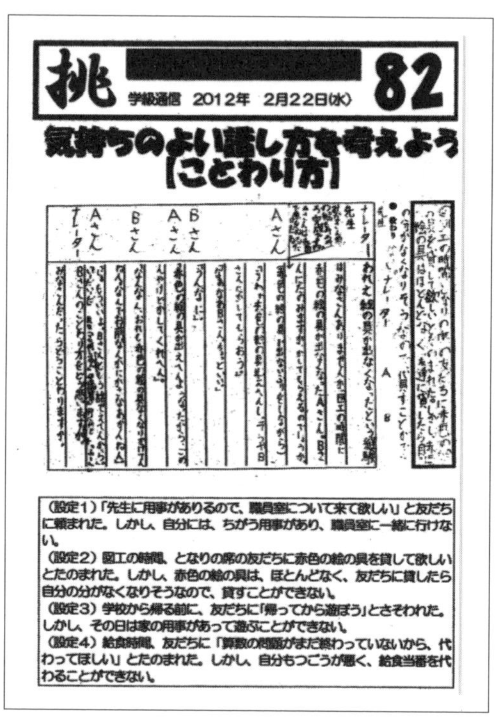

挑　学級通信　2012年　2月22日(水)　82

気持ちのよい話し方を考えよう【ことわり方】

（設定１）「先生に用事がありるので、職員室について来て欲しい」と友だちに頼まれた。しかし、自分には、ちがう用事があり、職員室に一緒に行けない。
（設定２）図工の時間、となりの席の友だちに赤色の絵の具を貸して欲しいとたのまれた。しかし、赤色の絵の具は、ほとんどなく、友だちに貸したら自分の分がなくなりそうなので、貸すことができない。
（設定３）学校から帰る前に、友だちに「帰ってから遊ぼう」とさそわれた。しかし、その日は家の用事があって遊ぶことができない。
（設定４）給食時間、友だちに「算数の問題がまだ終わっていないから、代わってほしい」とたのまれた。しかし、自分もつごうが悪く、給食当番を代わることができない。

どのような設定の中で学習を
進めているのかを通信に掲載

まとめ

➡ 親子で考えて欲しい題材は，学習内容を積極的に通信に載せよう

心の花を咲かせよう 15

5年4組学級通信
校長 ○○ ○○
担任 ○○ ○○
平成31年7月5日

特集 じょうずに使おう！物とお金！

昨日の家庭科の時間に「計画的な買い方を考えよう」の学習をしました。

「1300円以内のお金で，青色で，はさみが入る筆箱を買いたい」

「夕食でお好み焼きを作って家族４人で食べるので，豚肉を買いたい」

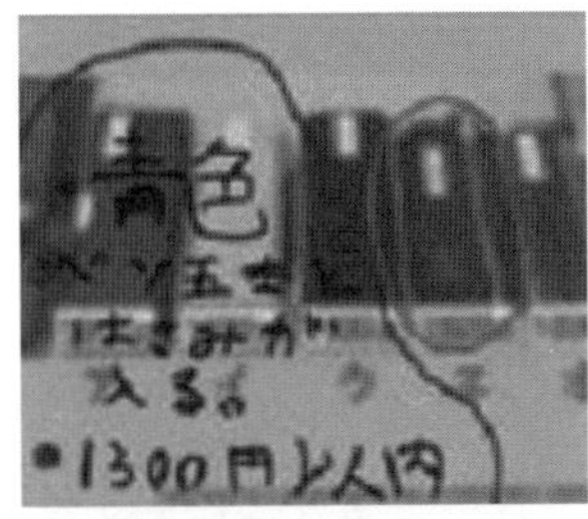

このような場合，何を基準にして買えばいいのか？　タブレットに配付された写真を基に，友達と話し合いました。例えば，筆箱なら，予算，大きさ，使いやすさ，デザイン…。豚肉なら，予算，賞味期限，分量…。目的や品質を考えた物の選び方をしなければならないことに気づいたようです。ご家庭でもお子さんが買い物に行く場合，計画的に買い物ができているか見守ってあげてください。

特集 待ちに待ったプール開きだ！

いよいよ，みなさんが待っていたプールの季節がやってきました。先生も小学生の時は水泳の時間がとても楽しみでした。しかし，新聞やテレビのニュースであるように毎年，水泳の学習（川や海でも）では，悲しいことに事故が起きてしまっています。水泳の授業では，みなさんの大切な命を守るためにいくつか約束して欲しいことがあります。とても大切な約束です。よく読んで，必ず守らなくてはいけません。

バディシステム

２人１組になることをバディと言います。先生が「バディ！」と言ったら，大きな声で「おー！」と応えてね。その時，ペアの友達の顔色や調子が悪くなっていないか確認してあげてね。

プールサイドでの約束

プールサイドに入ったら，クラスごとに２列になって，バディを組みましょう。
プールサイドでは，騒がない！
プールサイドでは，走らない！
プールサイドから飛び込まない！

プールの中

プールの事故はプールに入って５分以内に起こっていることが多いようです。先生たちはみなさんが安全に泳いでいるか集中して監視しています。プールの中では，絶対にふざけてはいけません。

16 スマホやゲーム機とのよりよい関わり方を考えよう！

4年

1 授業の様子を板書の写真でリアルに伝える

１時間の学習の中で子供達が「どのようなことを考え，学び，学習を深めていったのか」については，板書を見ると一目瞭然です。特に学習参観に欠席した保護者の方に向けて，板書を写真に撮って通信に載せることで，学習の様子の一部を伝えることができます。

その写真は，先生の授業記録としても活用することができます。１つの単元の板書を継続して撮りためて並べて見てみると，先生自身，子供達が学習を深めていったその軌跡を確認することができます。まずは，授業の板書の写真を撮ることから始めてみてはいかがでしょうか。

2 個人懇談会での話題に触れる

個人懇談会で話題になった内容の中から，保護者の方にも子供達にも改めて伝えたい内容がある場合は，通信に載せるようにします。ここでは，学校の下校時刻と家に帰ってからの遊びについて説明しています。通信を配付する際に，子供達と一緒に再度学校のきまりを確認することもできます。

まとめ

➡ 保護者の方に学習の様子を伝えるには，板書を写真に撮るのが一番。写真を通信に載せよう

➡ 懇談会等で個別に質問があったことは，通信にて他の保護者の方にも広めよう

《通信作成のヒント》実物紹介 ④ ～ 子供達の作品をクラスで共有 ～

日々の自学より

楽しい自学、中身を工夫している自学を紹介します。

授業で使っている、話す聞くスキルの自分バージョンに変えています。

【機内アナウンス】(ことみバージョン)
本日は、ことこと航空5103便、ことみ大阪ことさい空港行きをご利用くださいまして、ありがとうございます。
離陸後、ことみ空港までの飛行時間は、5時間と３０分を予定しています。目的地の天気は、めっちゃ晴れ。気温は、１５０℃との報告を受けています。お座席の安全ベルトは、しっかりとおしめください。機内はすべて禁煙です。おたばこはおひかえください。
本日の機長は　　。チーフパーサーは、コトミーノでございます。当機には、私ども８名の客室乗務員が常務しています。ご用の際は、お近くの客室乗務員まで、どうぞご遠慮なく。
(　　)

自分で詩をつくっています。

私の夢はお花屋さん
なぜななおって聞かれたら
私は花が好きだからっていう
なんでお花が好きなのって
きかれたら
私は色々な色があるからっていう
おばさんがお花屋さんだからっていう
どんなに聞かれても
答えられるまで言いたいな
もっとたくさん知りたいな
ガーベラ　カーネーション
他にもたくさん知りたいな

育ち方　たねのこと　名前
もっと　もっと知りたいな

一週間のはじまりだ
いろいろあるよね一週間
コンサート成功するかな
みんなでがんばろうね
成功させよう　コンサート
きれいな音色をみんなと共に
必ず成功すると信じて
あきらめたら　おわり
かんたんにあきらめずがんばろう

これからも日記を詩のように書いていきます。
(　　)

のはらうたのように詩を書いています。

がんばる　　しん　れお
おれは新聞
いいところは
いっぱいある
特に、
ニュースより早く
情報を伝えれる
でも、捨てられたりする
おれは　がんばる
新聞だからこそ
がんばる
(２つとも　　)

よろしく　　川村　ゆき幸
川村ゆき幸です
わたしは　おこればこわいけど
やさしい先生だよ
それに
ちゃーんと
みんなのことを
考えているよ
これからも
よろしく

こんにちは
ニュース　　　です。
今日５年３組の教室で、塩根先生の絵が飾られていました。
先生の証言では、
「あぁいうのを塩根先生に言うと、喜んでまたやるから、言うのやめとき」だそうです。
　　がお送りいたしました。ニュースピノ～　　　(　　)

私は，よく通信に，子供達の自主学習を紹介していました。朝，配付する時に，その子供達の作品を読み聞かせて紹介します。どっと笑いが起きるものや，清々しい気持ちになれるものがあり，朝から通信のおかげでクラスは温かい雰囲気に包まれます。

4年3組学級通信
校長　〇〇　〇〇
担任　〇〇　〇〇
平成31年7月16日

特集 スマホやゲーム機とのよりよい関わり方を考えよう！

6月の日曜参観では，情報モラルの学習を行い，多くの保護者の方に参加していただきました。クラスの約80%のご家庭では，スマホやゲーム機のルール作りを行っているようでした。また，1日に2時間以上スマホやゲーム機を使っている子供が約50%もいることも分かりました。（**6月スマホ・ゲーム機についてのアンケートより**）

日曜参観では，スマホやゲーム機とのよりよい関わり方について事例を基に保護者の方とともに考えました。

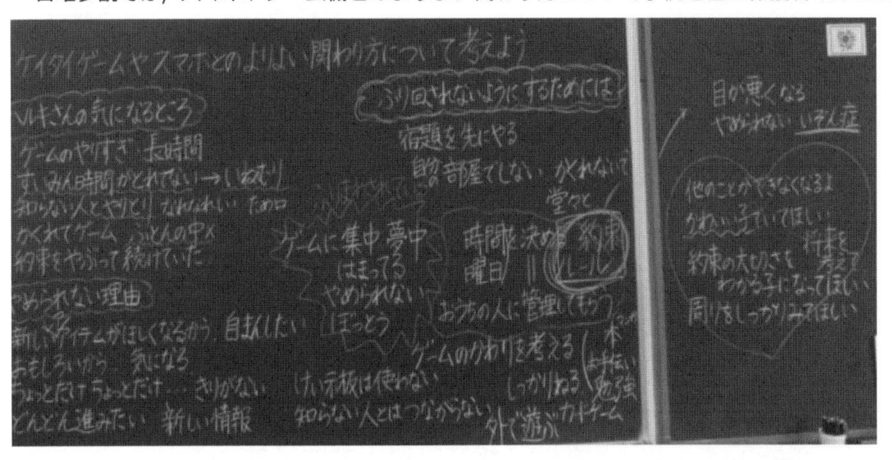

「ルールの大切さや使い過ぎは体に悪いことが分かりました。1日に30分とか決めて上手に使いたいです」
「ゲームをやめられなくなるとこわいです。時間を決めて使うようにします」

等，子供達からこれからの使い方についての意見がたくさん出ました。もうすぐ夏休みです。ご家庭でもルールを作り，上手にスマホやゲーム機と関わることができるようにお子さんの様子を見守ってあげてください。

特集 学期末個人懇談会を終えて 2

懇談会では，子供達の1学期の頑張りや成長を保護者の方と，主に以下の3点について共有することができました。

① **学習の様子（何が得意で，何を苦手としているか等）**
② **生活の様子（友達関係，親子関係，家庭での生活やリズム等）**
③ **夏休みの過ごし方について**

時に，子供が学校と家で違う顔をすることがあります。「学校では自分から先を見通して行動するのに，家では言われないと行動しない」「家ではとてもお利口なのに，学校ではすぐに友達を叩いてしまう」等です。しかしそれは，どれもその子供の本当の姿です。

今後も，学校と家庭の両輪で，子供達の成長を見守っていけたらいいなと思っています。今回はお一人15分という短い時間でしたが，お子様のことで気になることや，分からないこと，学校へのご要望等については，いつでも遠慮なくご相談ください。

懇談会で数件寄せられた話題の中で，少し全体にも再度確認していただきたいことがあります。それは，下校時刻についてです。本校では，7月は16：25の予鈴が鳴ると遊びをやめて16：30までに下校することになっています。

もう1つは，放課後の外での遊ぶ時間についてです。堀江小学校では，基本的に17:00になったら家に帰りましょう，と公園等で見かけたら声を掛けるようにしています。ご家庭でも一度，外で遊ぶ時間について話し合ってみてください。

17 充実した夏休みを

6年

1 1学期末は，1学期の総括と夏休みに向けての目標を

1学期末の通信は，（時間があれば）終業式の前に配付して子供達に読み聞かせをするのがよいでしょう。そして，子供達に最高学年として頑張った1学期の姿について「褒めて・認める」温かい言葉を届けるようにしましょう。そして，最高学年としての自覚を更に高めてから終業式に臨みましょう。長い夏休み。通信を通して先生から「このように過ごして欲しい」というメッセージも添えるとよいでしょう。子供達の「1学期よく頑張った・友達と仲良くなれた」という満足感を高めるとともに，次への意欲を高める通信にしましょう。

また，夏休みには学校や地域の行事がたくさんあります。とてもいい機会なので子供達には積極的に参加して欲しいと願います。そのためにも，通信で行事の一覧を整理し，改めて子供達に参加を促しましょう。

まとめ

➡ 終業式の日の通信は，先生の言葉で子供達を褒めて認めるようにしよう

学級通信に使いたい“とっておきの○○”② 「統計資料・データ」

人に何かを伝えるためには，その根拠となる統計資料やデータがある方がより説得力が増します。例えば，通信で保護者の方に運動の大切さを呼びかける際には，全国の新体力テストの結果や運動を啓発する資料があると便利です。また，通信だけではなく，学級懇談会の際の話題にもなります。ここでは，私が過去の通信でいくつか紹介したことのあるサイトを記載します。

※引用した場合は，引用元をきちんと明記するようにしましょう

◀平成30年度全国学力・学習状況調査の調査問題・正答例・解説資料について

（国立教育政策研究所）

実際の学力テストの問題を基に保護者の方に付けたい力を説明する際に活用できます。

◀平成29年度全国体力・運動能力，運動習慣等調査結果

（スポーツ庁）

全国平均や都道府県の平均を基に保護者の方に運動の大切さを説明する際に活用できます。

◀小学生用食育教材「たのしい食事つながる食育」（平成28年2月）

（文部科学省）

給食だけではなく，普段の食事にも関心をもってもらえる資料が掲載されています。

◀刊行物（学校安全参考資料）

（文部科学省）

子供達も保護者の方も安全に対する意識を高めることができる資料が掲載されています。

6年1組学級通信
校長　〇〇　〇〇
担任　〇〇　〇〇
平成31年7月17日

特集　充実した夏休みを 

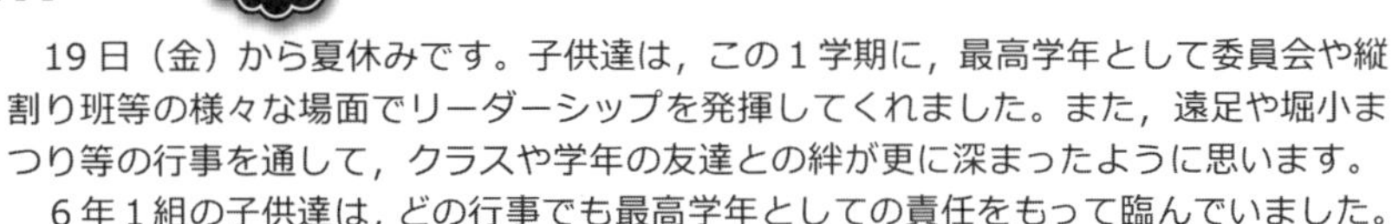

19日（金）から夏休みです。子供達は，この1学期に，最高学年として委員会や縦割り班等の様々な場面でリーダーシップを発揮してくれました。また，遠足や堀小まつり等の行事を通して，クラスや学年の友達との絆が更に深まったように思います。

6年1組の子供達は，どの行事でも最高学年としての責任をもって臨んでいました。私が1学期を通して特に素晴らしいと感じたのは，進んで下級生のお手伝いをしていたことです。掃除の仕方や給食の配膳の仕方がまだ分からない1年生のクラスに行き，優しく声をかけている様子は，とても素敵でした。初めのうちは，声をかけるのにも緊張していた子もいましたが，今では1年生の子たちから「こうたろうお兄ちゃん！」と呼ばれ人気者になっている子もいます。3か月という短い期間でも，子供達は大きく成長するのだなと，しみじみと感じました。

さて，これから迎える夏休みは1か月以上の期間があります。何か目標をもって過ごして欲しいと思います。そこで子供達には，「夏休みの間にできるようになりたいこと（やってみたいこと）」として，1つずつ目標を立ててもらいました。子供達がどのような目標を立てたのかは，次号で紹介します。

特集　夏休みに積極的にチャレンジしよう 1

夏休みには，水泳記録会や水泳教室，陸上大会，ロボット体験教室，英語スピーチコンテストが小学校内であります。どれもまだ参加募集をしていますので，積極的にチャレンジしよう。いつも校長先生が『どんなことでも，やったらやっただけのことはある。自分の可能性をもっと広げよう』と，おっしゃっているように，チャレンジすることで自分の可能性が広がります。

水泳記録会	7月30日，8:00小学校集合。小学校で何度か練習します。参加申し込みが事前に必要です。
水泳教室	7月31日～8月7日まで。参加申し込みが事前に必要です。
陸上大会	8月18日，8:00小学校集合。小学校で何度か練習します。参加申し込みが事前に必要です。
ロボット体験教室	8月3日，4日9:00～12:00まで小学校で。参加申し込みが事前に必要です。
英語スピーチ大会	8月22日の大会に向けて，小学校で何度か練習します。参加申し込みが事前に必要です。
子供会映画会	8月1日，15:00小学校前集合。参加申し込みが事前に必要です。
盆踊り	8月18日，19日17:00から小学校で。8月22日，23日は17:00から南公園で。申し込み不要。

特集　楽しみだな夏休み♪夏に関する川柳紹介

1学期の最後の学級活動の時間に，夏に関する川柳を作りました。全員分は，ここでは紙面の都合上紹介できませんが，個人懇談会の際に，廊下に掲示していますので，ご覧ください。

- かき氷　頭がキーン　痛くなる
- あの雲が　アイスクリンに　見えてきた
- 夏休み　疲れた体を　癒やす時
- 夏休み　家でゴロゴロ　していたい
- 風鈴が　きれいな音で　鳴っている
- 塩かけて　食べておいしい　すいかくん
- 夏休み　ひやっと冷たい　かき氷

夏休み　プールに入り　勉強だ
△先生たちも夏休みに水泳指導の研修を受けることになっています。頑張ります‼

18 2学期がスタートしました

5年

1 2学期の始めは，担任が大切にしたいポイントを再掲する

2学期の通信には，先生が1学期に大切にしてきたことを再度載せるようにし，子供達と確認する機会を設けます。1学期の通信の一部を引用してもよいでしょう。「先生は，こういうことを大切にしてきました。2学期も1学期のように学級目標に向かって楽しく学校生活を過ごせるといいですね」と通信を読み上げてクラスで確認します。始業式の日は，回収するものも多く，バタバタしがちですが，2学期の好スタートのためにも，落ち着いた状態で子供達に読み聞かせることが必要です。

2 持ち物の一覧表を通信でチェックする

2学期最初は，子供達から集めるものが多いです。通信には，その日に何を回収するのかや，その集める順番を示すようにします。そして，出席番号順に例えば，「①夏休みの宿題」から「⑩ぞうきん」まで子供達に持ってこさせるようにします。何をどの順番で集めるのかを示しているので，先生は名簿に名前をチェックすることに専念できます。通信にチェック表をつけて子供達にもチェックさせることで，保護者の方も自分の子供が何を持ってきていて，何を忘れているのかを一目で把握することができます。

絵画は，教室で掲示する間もなく，始業式後にすぐにそれぞれの応募先に提出しなくてはいけません。しかし，子供が一生けんめいに描いた素晴らしい作品を，教室でお披露目することもないのはもったいないです。是非とも，子供達の作品は通信で夏の作品展と題して載せるようにしましょう。一般的な絵画は，大きすぎてスキャンできませんが，作品を机の上に置いて上からカメラで撮影するだけでも十分通信に載せることができます。

まとめ

- ➡ 2学期の始業式には，子供達とともに，先生の大切にしたいポイントを通信で確認しよう
- ➡ 何を持ってきていて，何を忘れてしまったのかを通信の一覧表を基に確認しよう

5年4組学級通信
校長　○○　○○
担任　○○　○○
平成31年9月3日

2学期がスタートしました 

始業式を終えて，2学期が本格的にスタートしました。この2学期は，運動会や作品展，縦割り遠足等の行事があります。5年生は学校の代表として，区内の音楽会にも参加します。たくさん行事がある中でも，1学期同様に次の3つのことを念頭に置いて学校生活を過ごすようにして欲しいです。

① 時間を大切にする

② 人を大切にする

③ 自分を大切にする

そして，学級目標である「一生けんめい・笑顔・向上心」をモットーに学校生活を送ることができるようにしましょう。始業式の日の3時間目には，早速道徳の学習をしました。始業式の日にこそ友達との関係について見直して欲しいです。

道徳「それっていじり？」

「それっていじり？」のあらすじ

道徳の学習の時間，主人公の友達の太郎君は，クラスの中では「いじられキャラ」として，クラスのみなさんの人気者です。主人公も太郎君をいじることがあり，太郎君をいじると周りも明るくなり，雰囲気が良くなります。太郎君も楽しそうです。ある日，太郎君が突然学校に来られなくなりました。理由を聞いてみると，「みなさんからいじられるから」とのこと。主人公を含め，クラスのみなさんはびっくりしてしまいます。

「どうして誰も気がつかなかったのだろう？」と問いかけると，「太郎君も楽しそうにしていたから」「周りの雰囲気が明るくて言い出しにくい」という意見。そんな中「じゃあ，人はいじっちゃいけないの？」「何もできなくならない？」という反論。「それでも，心の中では傷ついているのだから，それはだめだよ」「周りの雰囲気を壊したくないから，太郎君も笑っていたのだと思うよ」と，様々な意見が出てくる中で，友達とはどのように関わっていくべきかを考えました。来年度は最高学年の6年生になります。友達とよりよい関係を築くことができるようになっていくことを期待しています。

＜児童の感想＞

- いじりのつもりでも，いつのまにかいじめになることがあるというのが怖いと感じた。今まで何も考えずに友達のことをいじっていたし，楽しい雰囲気だった。でも，まさか，心の中で泣いているかもとは考えもしなかった。いじるのとはまた違う友達との関わり方をしないといけないと思った。
- どれだけ仲が良くても，してはいけないことがあって，そのラインを超えたから，太郎君は学校に来られなくなったと思う。親しい友達であっても，傷つくような一線を超えてはいけない。
- 自分はいじる側のことが多いけど，そこまで傷つくなんて考えもしなかった。けど，みなさんで話し合っているうちにいじりが許されることではないということが分かった。

全て提出することができましたか 

今日，回収したものは以下の通りです。未提出のものがあれば，明日持ってくるようにしましょう。

チェック		チェック	
	①夏休みの宿題		②工作1点
	③絵画1点		④自由研究
	⑤読書感想文		⑥通知表
	⑦健康の記録		⑧絵日記3枚
	⑨夏休み生活記録カード		⑩ぞうきん

4月 5月 6月 7月 9月 10月 11月 12月 1月 2月 3月

19 真剣に向き合う避難訓練

3年

1 安全意識を高める

災害時に備えて行う避難訓練。本校では，月に１回，様々な想定のもと子供達が自分事としてとらえ，主体的に学ぶことができる避難訓練を実施しています。しかし，学習参観時に避難訓練を実施することはないので，その様子を保護者の方が参観する機会はほとんどありません。そこで，通信で避難訓練の様子や子供達の感想を載せることにより，家庭で子供達と考えてもらう機会にすることができます。

まとめ

➡ 安全意識を高めるために，学校の取組や子供達の考えを発信しよう

効率よく通信を発行する“とっておき”の時短ワザ ❷

～ パソコンの画面をキャプチャするソフトを使う ～

本校のタブレット端末には，子供用のお絵かきソフトが入っています。そのようなデジタル形式の子供の作品を通信に貼り付けたいと考える先生も多いはず。そんな時に便利なのは「Snipping Tool」というアプリです。ほとんどの Windows パソコンに入っているアプリです。

Windows ボタン→全てのプログラム→アクセサリ→ Snipping Tool

上記の手順でアプリを起動させることができます。しかし，毎回使うたびにその手順でソフトを起動させるのは面倒です。少しでも早くそのソフトを起動させたい場合は，左端（もしくは下）のツールバーにそのアプリを起動させるショートカットを入れておくとよいでしょう。

写真のようにここに入れておくと，このマークをクリックするだけで，すぐにソフトが立ち上がります。

本校では，児童用のタブレット端末にその設定を最初からしているので，子供も必要に応じてそのソフトを使って画像をキャプチャすることもあります。

まずは，先生自身が試しに使ってみてください。

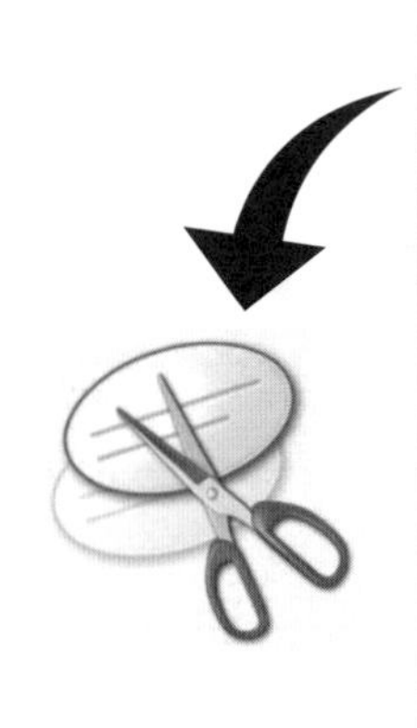

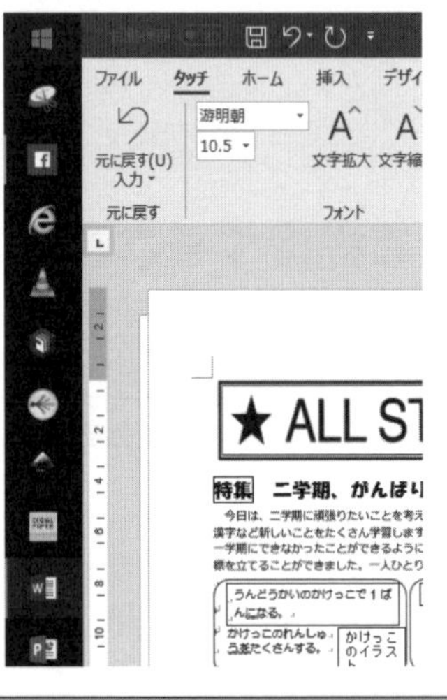

3年5組学級通信
校長　〇〇　〇〇
担任　〇〇　〇〇
平成31年9月6日

特集　2学期，頑張りたいこと！

今日は，2学期に頑張りたいことを考えました。2学期は，算数ではくり上がりやくり下がりの計算，ローマ字や漢字等新しいことをたくさん学習します。また，運動会，作品展，学習発表会等，たくさんの行事もあります。1学期にできなかったことができるように，1学期頑張ったことがもっとできるように，一人一人が自分にあった目標を立てることができました。一人一人のペースで，頑張って欲しいと思います。

運動会のかけっこで1番になる。
かけっこの練習をたくさんする。
かけっこのイラスト

漢字をたくさん覚える。
漢字の宿題を頑張る。家でも練習する。
漢字のイラスト

10より大きい数の計算を頑張る。
計算カードを何回も練習する。
計算のイラスト

真剣に向き合う避難訓練①

9月は，地震に対する避難訓練を行いました（2次避難として，津波に対する避難訓練も合わせて実施）。避難訓練を始める前に，「学習のめあて」を子供達と一緒に確認しました。今回の学習のめあては『お・は・し・もを守って，安全に避難すること』です。

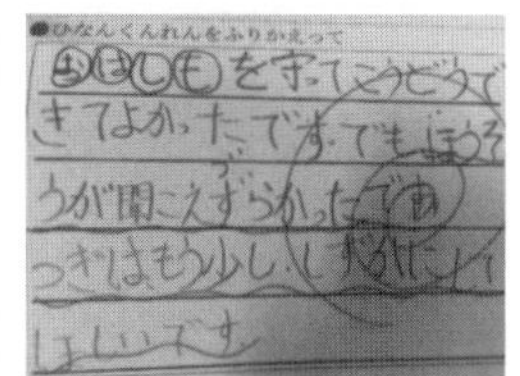

本校は，毎月の避難訓練を実施しています。回を重ねるごとに，安全な避難ができるようになってきましたが，一番難しいのはやはり「（し）静かに」することです。避難訓練開始の放送から，2次避難完了まで，時間にして約20分ぐらいの間，静かに行動しないといけません。本当の避難時に，先生の指示や校内放送を聞き逃さないためです。命に関わることですが，避難訓練ではまだまだ意識が低いように思いました。

避難訓練終了後の振り返りは，反省から次の避難訓練では，どのような避難行動をとるのがよいのか考え，次の避難訓練につなげるように心がけて指導しています。

特集　総合的な学習の時間～タブレットを使ってみよう～

2学期の総合の時間には，タブレットを使った学習を行います。高学年で，タブレットを使って調べ学習をしたり，学習のまとめとして発表したりするので，3年生では，まずタブレットの使い方を知るところから始めます。タブレットを使う時の注意を確認した後，電源の入れ方やパスワードの入力・管理の仕方を学習しました。

そして，画面に指で絵を描き，自分だけのマークを作りました。少し説明しただけで，線の太さを変えたり，色を変えたりすることができていました。さすが，順応するのが早い！　今後は，カメラ機能を使って学習の記録をしたり，現在学習しているローマ字を使って文字を入力したりできるようにしていきます。

20 考えて行動しよう

4年

1 校長先生の話を話題にする

保護者の方は，朝の全校朝会で校長先生がどのようなことを考え，子供達に伝えているのか知る術がありません。校長先生が子供達に伝えるメッセージは，学校の方針として保護者の方にも通信を通して知ってもらいましょう。子供達もまた，通信で再び校長先生の伝えたいメッセージを確認することで，より理解して行動に移すことができます。

2 運動会での役割や意気込みを伝える

運動会直前は，通信で役割や走順，運動会に対する意気込みを保護者の方に伝えるようにしましょう。ここでは，次のことを保護者に伝えています。

- 出場するプログラム番号と競技名
- 走順とゼッケンの色
- 運動会での役割（救護・得点・出発等）

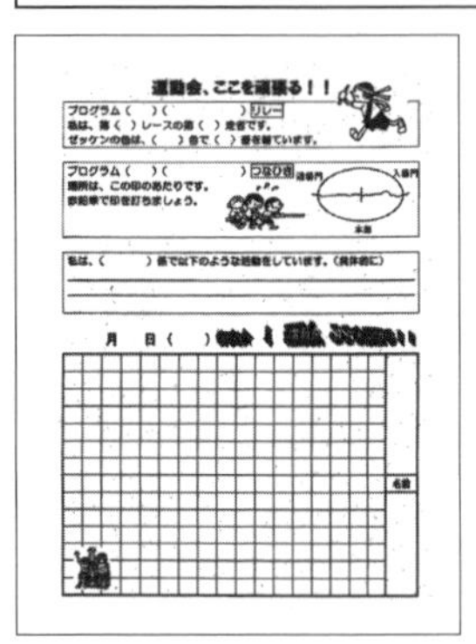

ここには保護者の方に向けて「こんなことを頑張りたい」「ここを見て欲しい」という運動会当日の意気込みを書いています。手紙として配付する前には，一度回収して先生が内容をチェックするようにし，まとめてコピーを取っておきます。

運動会当日。保護者の方は，この通信を手に取って子供の出番を確認しています。手に汗握る観戦で，通信がぼろぼろになってしまったという場合は，後日コピーを渡してあげるとよいでしょう。

6年生が運動会直前に意気込みを書いたものです。学年の児童全員分を左の作文のようにスキャンして貼り付けて通信として保護者に発信しました。

まとめ

➡ 担任の先生だけではなく，校長先生のメッセージも紹介しよう

➡ 運動会や大きな行事の子供達の真摯に取組む様子やその意気込みを発信しよう

4年3組学級通信
校長 〇〇 〇〇
担任 〇〇 〇〇
平成31年9月17日

特集 一緒にあそぼう☆

２学期の外国語活動では「Let's play cards.（好きな遊びを伝えよう）」の学習を進めています。How's the weather? の表現をリズムに合わせて練習した後は，世界各国の子供達が，天気によってどんな遊びをしているのかをデジタル教材で視聴しました。「自分達と似た遊びをしているね」「この遊びをやってみたい」というように，子供達は早速興味津々。遊びたい気持ちが高まってきたようです。C-NETの先生にも，母国でどのような遊びをしているのかを紹介してもらいました。カナダでもドッジボールは人気だそうで，日本とは違ったルールで子供達は楽しんでいるそうです。地域によって多少ルールが違うのは日本と同じですが，日本の「王様ドッジ」と似た部分があることにはすぐ気づいたようです。次の休み時間には，早速カナダのルールを取り入れてドッジボールを始めた子供達。言葉も，文化も，壁は子供達の方が低いのだな，ということに気づかされた学習になりました。

カナダのドッジボールのルール

〇ボールはなんと10個くらい使用するそうです。

〇チームに１人，「ドクター」と呼ばれる回復役を決める。

〇ボールを当てられても，ドクターにタッチすると復活できる。

〇ドクターが当てられてしまうと，復活はできなくなる。

特集 考えて行動しよう 1

今朝の朝会の，校長先生のお話の中で「今，何をする時なのか」「今，何をしたらいいのか」を考えることができる子になって欲しいというお話がありました。その後，教室でも日頃の様子を子供達と振り返りました。「今から朝の会だ」とか「給食当番だから早く手を洗わないと」等，子供達の会話の中から，次のことを考えた発言が出てくるようになってきました。

話し合いの中で，子供達からは「時間が経ってきたら，少しずつその気持ちが薄れてくる」ことの解決策を考えました。「今，何をしている時かを思い出す」「掃除が終わったら次は何の時間だったか考えて，次のことをする」といった意見が出てました。自分なりに考えて行動して欲しいと思います。そのことが，時間を守ることや時間を大切にすることにつながります。今は，運動会の練習があり，その次は発表会と行事も多く，バタバタしがちです。私も『時間を守って授業をする』，子供達も『時間を守る』ようにして落ち着いて活動できるようにしていきます。

特集 運動会に向けて 

さあ、いよいよ118人の想いを
一つにして団結するときがきました。
先生たちがついている。
毎日体そう服を洗たくしたり、励ましてくれた家族の人たちが見守っている。
思いっきり、堀小のグランドで演じよう！
そして、「笑顔」でみんなでハイタッチをしたいね。

運動会に向けての学習が始まって２週間が経過しました。毎日一生けんめいに学習（練習）する姿からは，今年の運動会に対する意気込みが感じられます。次号は，子供達の毎時間の練習の振り返りを紹介します。

21 いよいよ本番！ 写真が語る6年生の熱い想い

6年

1 時には，写真をたくさん使って子供達の様子を伝える

「子供達は運動会本番に向けて，頑張っています」と，たくさん言葉を並べるよりも，時には，写真で子供達の熱さを語る方が，子供達の「想いや意気込み」が保護者の方により伝わります。左の写真の子供達の立ち姿や指先からも，子供達の様子を伝えることができますね。

2 時には，転勤した先生からのメッセージを載せる

６年生の子供達に小学校生活の思い出を聞くと必ずベスト３に入るのがこの「組立体操」。時に私は，本番前の子供達のモチベーションを高めるために，過去に担任をしてくださった先生方からの応援メッセージを通信に載せるようにしています。子供達は，今はその学校におられない先生のメッセージを当時のことを思い出しながら懐かしんで読んでいました。

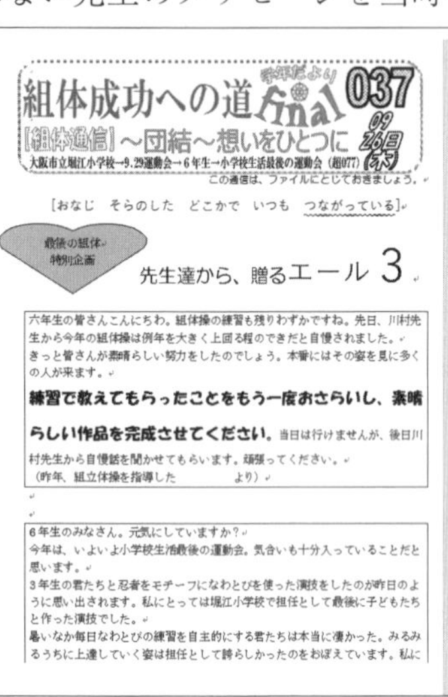

組体成功への道 学年だより Final 037 09 26日(木)

【組体通信】～団結～想いをひとつに

大阪市立堀江小学校→9.29運動会→6年生→小学校生活最後の運動会（超077）

この通信は、ファイルにとじておきましょう。

[おなじ　そらのした　どこかで　いつも　つながっている]

最後の組体 特別企画

先生達から、贈るエール３

六年生の皆さんこんにちわ。組体操の練習も残りわずかですね。先日、川村先生から今年の組体操は例年を大きく上回る程のできだと自慢されました。
きっと皆さんが素晴らしい努力をしたのでしょう。本番にはその姿を見に多くの人が来ます。
練習で教えてもらったことをもう一度おさらいし、素晴らしい作品を完成させてください。当日は行けませんが、後日川村先生から自慢話を聞かせてもらいます。頑張ってください。
（昨年、組立体操を指導した　　　　より）

6年生のみなさん。元気にしていますか？
今年は、いよいよ小学校生活最後の運動会。気合いも十分入っていることだと思います。
3年生の君たちと忍者をモチーフになわとびを使った演技をしたのが昨日のように思い出されます。私にとっては堀江小学校で担任として最後に子どもたちと作った演技でした。
暑いなか毎日なわとびの練習を自主的にする君たちは本当に凄かった。みるみるうちに上達していく姿は担任として誇らしかったのをおぼえています。私にとって、忘れられない運動会になりました。

さぁ、いよいよ本番です。
今日まで歯をくいしばって仲間と頑張ってきた日々は無駄ではありません。
観客のみなさんの心を揺さぶるような演技を、そして何よりも自分自身のために素晴らしい演技をしてください。君たちなら大丈夫!!当日は私も応援に行かせてもらいます。堀江史上最高の組体操を期待しています
（去年までお世話になった　　　　より）

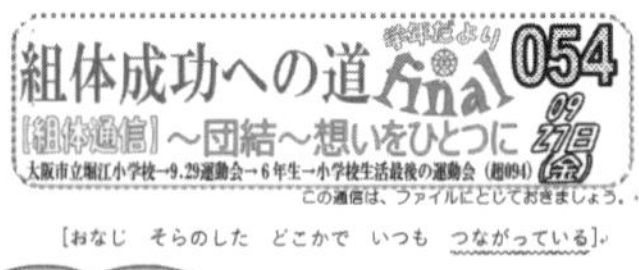

組体成功への道 学年だより Final 054 09 27日(金)

【組体通信】～団結～想いをひとつに

大阪市立堀江小学校→9.29運動会→6年生→小学校生活最後の運動会（超094）

この通信は、ファイルにとじておきましょう。

[おなじ　そらのした　どこかで　いつも　つながっている]

最後の組体 特別企画

先生達から、贈るエール５

汗と土まみれの君たちは
美しい。
友だちの体を支え
歯をくいしばる君たちは
頼もしい。
自ら決めた目標に向かう
君たちはすばらしい。
声をかけ合い、力を一つにする
君たちは輝いている。
小学校最高の一日になる
運動会が待ちどおしいです。

みなさんは、たくさんの先生方に見守られています。
こころよく、直前のみなさんへメッセージを書いてくださいました。
ほんとうにありがとうございます。

「泥まみれになって がんばっている みなさんへ」
運動会まで あと2日！

組体の練習は、ほとんど見ることができませんでしたが、体操服が泥だらけになって教室に帰る姿は、よくみかけます。また、放課後も残って一生懸命練習している様子も見ました。組体の完成に向けて努力している姿は、とても素晴らしいです。
「神は細部（さいぶ）に宿る」という言葉があります。
これは、細かい所にこだわってこそ、最高のものができるという意味です。
土台になって支える人、一番上に立つ人、そのひとりひとりが１００%を出すことで一つの「最高」が生まれます。
家族のために、在校生のために、そして、何より自分のために究極の組体をしてほしいです。**想像してみてください。**９月２９日、堀江小学校。最高の瞬間、最高の場所で、最高に輝く自分と仲間たち・・・。
先生は、その場所に立ち会えることをとても楽しみにしています。
（昨年、理科を教えていただいた　　先生）

まとめ

- ➡ 百聞は一見に如かず！ 写真を載せて，子供達の様子を保護者の方に伝えよう
- ➡ 転勤した先生からのメッセージを子供達やその保護者の方に伝えよう

6年1組学級通信
校長　○○　○○
担任　○○　○○
平成31年9月21日

いよいよ本番！写真が語る6年生の熱い想い ①

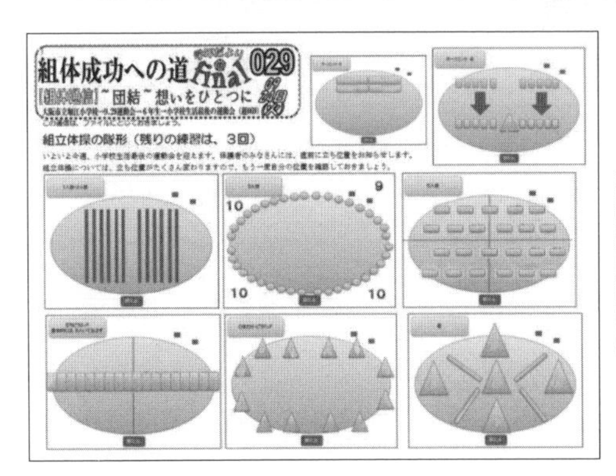

9月29日（日）運動会当日。6年生の子供達の一生けんめいに取り組む様子をご期待ください。6年生が出場するのは，次の3つのプログラムです。

プログラム5　　騎馬戦
プログラム１４　リレー
プログラム２１　組立体操　～ONE 想いをひとつに～

◁明日，組立体操の立ち位置を記した手紙を持ち帰ります。お子さんの立ち位置をご確認ください。

特別企画みなさんをよく知る先生から運動会応援メッセージ

3・4年生の頃に担任してくださった宮本先生からのメッセージです。宮本先生は，もう違う学校へ行ってしまいましたが，きっとどこかでみなさんのことを見守ってくださっていると思います。

低学年の頃から，毎日を大切に過ごしている，まじめで繊細なみなさん。2年生で，ハイタッチを踊った時も，世界の遊び発表会をした時も，3年生で忍たまを踊った時も，エールや全部空を歌った時も，みなさんはいつも本番で百点満点でした。

それは，練習であっても常に全力で取り組める，強さがあったからです。みなさんには，組体に必要な力がそろっています。あとは，どれだけ気持ちを込められるかにかかっているのではないかな。

素晴らしい演技になると，信じています。

（3・4年生担任　宮本先生）

運動会の感想募集～子供達に温かいメッセージをお願いします～

1年

1 保護者の方から感想を募集する

ONE

温かいご感想，ありがとうございます

運動会

学校や学年，学級の目的に応じて，通信に切り取り線を描いて感想を募集すると保護者の方からたくさん感想をいただくことができます。そのいただいた感想を一部通信にも載せることで子供達も励みになります（名前の掲載の有無を確認することも忘れずに）。

保護者の方が書いた字をそのままスキャンして載せる場合は，匿名にするのが望ましいでしょう。通信で伝えたい部分だけ載せる場合があるので，私は一つ一つ手入力をするようにしていました。学校や学年の先生とも相談した上で，保護者からの感想を子供達に届けてあげましょう。

まとめ

➡ 保護者の感想をたくさん発信し，子供達を勇気づけよう

効率よく通信を発行する“とっておき”の時短ワザ ❸

～ いくつかのパターンの書式をあらかじめ作っておく ～

通信をつくる際に，毎回新しいWord文書を開いて新規作成していては，１つ１つの通信を作成するのにとても時間がかかってしまいます。そこで「用紙サイズ・余白・文字数・行数・行間」を設定した上で，下の図のようないくつかのパターンの書式をあらかじめ作っておきます。後は，学級通信の内容やイメージに合わせてファイルを選ぶだけで作成することができます。パソコンのデータを選択する際に「プレビューを表示する」設定にしていれば，直接そのデータを一つ一つ開かなくても，中身（レイアウト）を確認することができるので便利です。

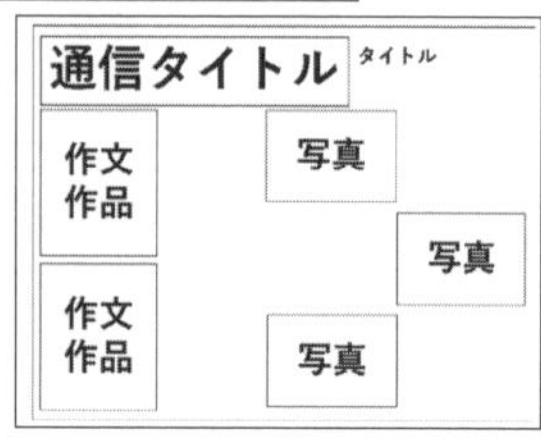

1年6組学級通信
校長　○○　○○
担任　○○　○○
平成31年10月4日

国語科　説明文の学習

国語の説明文の学習では「事柄の順序に気をつけて，文章の内容を正しく読み取る」ことを目標としています。全6時間で学ぶ内容は次のとおりです。

① デジタル教科書で映像を見ながら，全体の内容を確かめる。先生の範読を聞く。一斉にみなさんで読む。自分で音読をする。

② 段落の言葉と意味。どの段落にも共通している箇所と，段落ごとに違う箇所を色鉛筆で印をつける。問いの文，答えの文が繰り返されること。

③ 間違いの文章プリントを読み，なぜ間違っているかの理由を明らかにしながら，要点を確かめる。

④ ばらばらになった段落を，正しい順番に並び替える。

⑤ これまでに習ったことを生かして，自分で説明文を書く。

⑥ 自分が書いた文章を，友達と交流する。

今日の4時間目は，段落ごとに作った短冊を友達と一緒に正しい順番に並び替える活動を行いました。全部で17段落からなるこの教材は「問いの文→答えの文→具体的な説明①→具体的な説明②」が繰り返されています。「次は，問いの文章がくるよ」「この動物の答えの文章は，この短冊じゃないかな」と友達と相談しながら学習しました。

運動会の写真販売

先週の運動会，たくさんの温かい応援をありがとうございました。保護者の方からの運動会の感想を募集しています。場合によっては，匿名でこの通信にて紹介させていただくことがあります。子供達に是非とも温かいメッセージをお願いします。

※運動会の写真販売も開始しています。希望される方は，正門を入ってすぐのピロティに掲示していますので番号を控えて封筒にてお申し込みください。なるべくお釣りの無いようにお願いします。10月15日までによろしくお願いします。

キリトリ

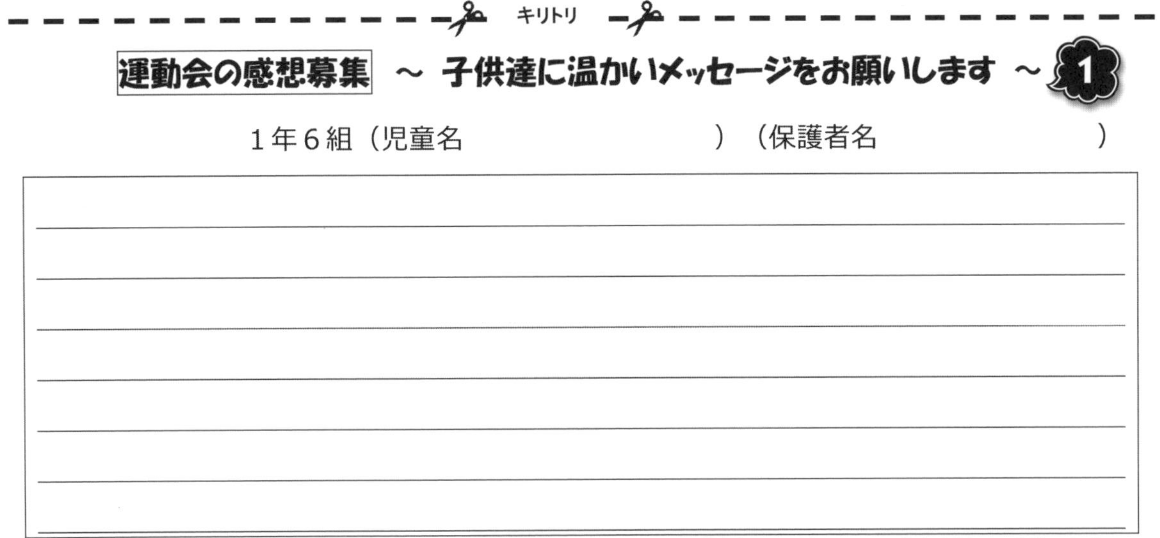
運動会の感想募集 ～ 子供達に温かいメッセージをお願いします ～

1年6組（児童名　　　　　　　　　　）（保護者名　　　　　　　　　　）

ご協力いただきましてありがとうございます。
この感想は，匿名で通信に掲載させていただくことがあります。あらかじめご了承ください。

23 学級遊び「あいさつ散歩」 2年

学級遊びの様子は，目的とルールを伝える

学級遊びの様子を載せる際は，「なぜ，その遊びをしているのか」について目的や先生の意図，これまでの経緯を説明するようにしましょう。また，通信を見た保護者の方が，家でも子供と一緒にその遊びをすることができるように，ルールは箇条書きにして紹介するとよいでしょう。ここでは，紙面の都合上，子供達の遊んでいる様子が伝わる写真を載せていませんが，子供達が楽しんでいる様子が伝わる写真を撮って掲載することで，保護者の方にクラスの様子を伝えることができます。

保健室の先生と連携する

保健室の先生が節目ごとに子供達に行う保健指導があります。例えば，手の洗い方や風邪の予防の仕方。また，水泳学習の時期には，健康観察を促すこともあります。その保健指導で話をされたことをメモにして，通信に再度記載するとよいでしょう。通信に載せる際には，間違いや誤解を生むような表記がないかを保健室の先生にも確認してもらうようにしましょう。

まとめ

➡ 学級遊びの様子を紹介する際は，その遊びをする目的や意図，ルールを説明しよう
➡ 保健室と連携を図り，健康に関する指導事項を保護者にも伝えて啓発しよう

《通信作成のヒント》実物紹介⑤　～ 時にインパクトのあるレイアウトを① ～

組体成功への道
大阪市立堀江小学校
9.29運動会
6年生
小学校生活
最後の運動会
(超100)
学年だより
final
【組体通信】
09月28日(土)
060
~団結~想いをひとつに

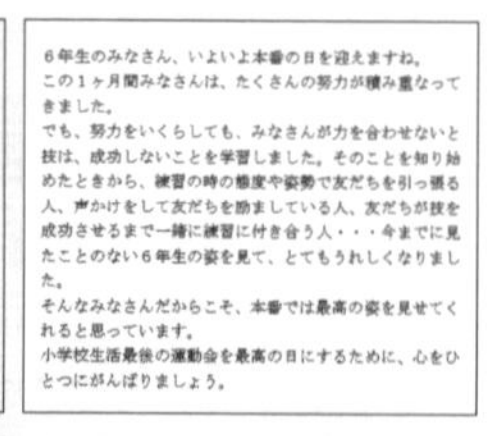

さあ，いよいよ118人の想いを一つにして団結するときがきました。
先生たちがついている。
毎日体そう服を洗たくしたり，励ましてくれた家族の人たちが見守っている。
思いっきり，堀小のグランドで演じよう！
そして，「笑顔」でみんなでハイタッチをしたいね。

6年生のみなさん、いよいよ本番の日を迎えますね。
この1ヶ月間みなさんは、たくさんの努力が積み重なってきました。
でも、努力をいくらしても、みなさんが力を合わせないと技は、成功しないことを学習しました。そのことを知り始めたときから、練習の時の態度や姿勢で友だちを引っ張る人、声かけをして友だちを励ましている人、友だちが技を成功させるまで一緒に練習に付き合う人・・・今までに見たことのない6年生の姿を見て、とてもうれしくなりました。
そんなみなさんだからこそ、本番では最高の姿を見せてくれると思っています。
小学校生活最後の運動会を最高の日にするために、心をひとつにがんばりましょう。

これは，組立体操での全員ピラミッドの１コマです。普段，通信で使う写真は，３：４のものが多いのですが，この通信は，写真をトリミングして横長のものを貼り付けました。時々，写真の貼り方や形を工夫することで，保護者の方の目にもつきやすくなります。

smiley スマイリー W ダブル ピース

no. 23

2年2組学級通信
校長　〇〇　〇〇
担任　〇〇　〇〇
平成31年10月5日

学級遊び「あいさつ散歩」

今日は学級で「あいさつ散歩」を楽しむ活動を行いました。世界にはお辞儀やハグ等色々なあいさつがあります。

（ルール）
①教室の中を散歩する。
②出会った人と握手をする。
③「私の名前は堀江太郎です。好きな食べ物はハンバーグです。」「僕の名前は大阪太郎です。好きなスポーツはサッカーです。」と，名前と好きなものを言う。
④最後は「よろしく！」と言って，両手でハイタッチ！（両手でハイタッチが，意外と難しいのです。2人の呼吸を合わせないとうまくいきません）
⑤5人とできたら着席。

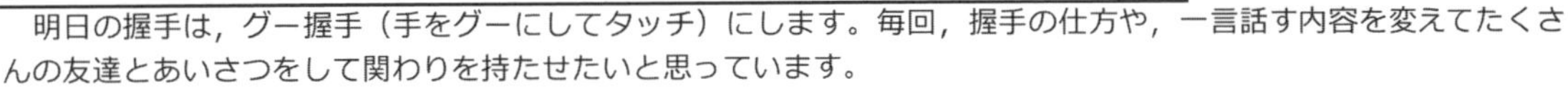

明日の握手は，グー握手（手をグーにしてタッチ）にします。毎回，握手の仕方や，一言話す内容を変えてたくさんの友達とあいさつをして関わりを持たせたいと思っています。

手の汚れバイバイ!!

ばい菌やウイルスをからだに入れないための大切な習慣は，正しい「手洗い」。これだけで予防できる病気はたくさんあります。今日の発育測定の前に，保健室の先生から手洗いについての話を聞きました。

① **流水で洗って，石けんをアワアワに**
② **手のひら，手の甲をスリスリ**
③ **両手を組んで指の間もゴシゴシ**
④ **親指は反対の手でネジリネジリ**
⑤ **指先とつめの間は手のひらでクシュクシュ**

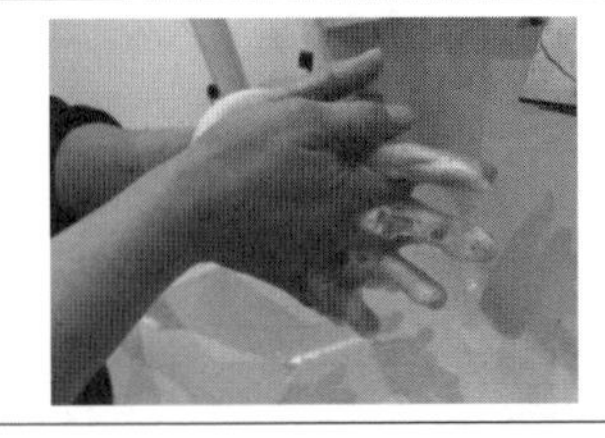

スーパーにはかけ算がいっぱい！

いよいよかけ算の学習が始まります。子供達は九九を唱えたくてウズウズしています。九九を暗記することも大切ですが，生活の中からかけ算のよさに気づいたり，ものの全体の個数をとらえる時にかけ算を使うとよいことに気づいたりする経験を積むことも大切です。

そこで，そのような経験を積むために，親子で買い物をしながら，スーパーでかけ算を探す活動をすることをおすすめします。スーパーには，2枚で1袋のお菓子や3つで1袋のガム，5枚で1袋のビスケットや6枚入りの食パン等，1袋に3個のまとまりとなった商品，かけ算の素材となるものがたくさん潜んでいます。商品を見ながら，一度，かけ算の問題を出し合うといいかもしれませんね。

更に，式からかけ算の意味を言葉で説明できることも大切となります。九九を暗唱しながらも式から言葉や図に表すことを繰り返し指導し大切にしていきます。

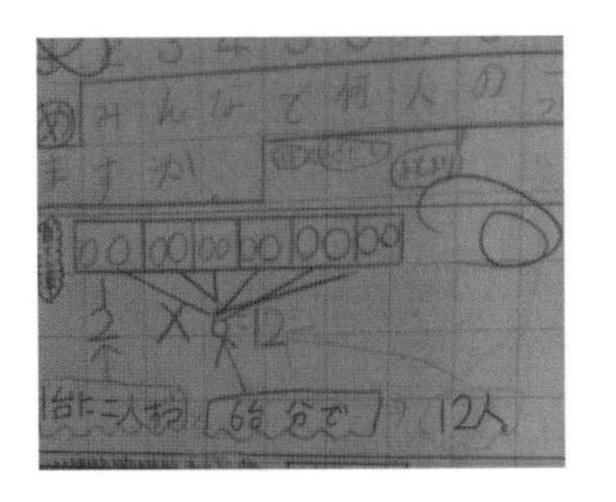

24 教育実習の先生が5年4組に!!

5年

1 子供の声でクラスの様子を紹介する

保護者の方に，クラスの様子を発信するには，子供の声で事実を説明することが一番です。下の通信では，教育実習の先生に自分のことやクラスの様子を紹介する作文を書いています。

★自分自身のことを紹介するには…「自己紹介カード」

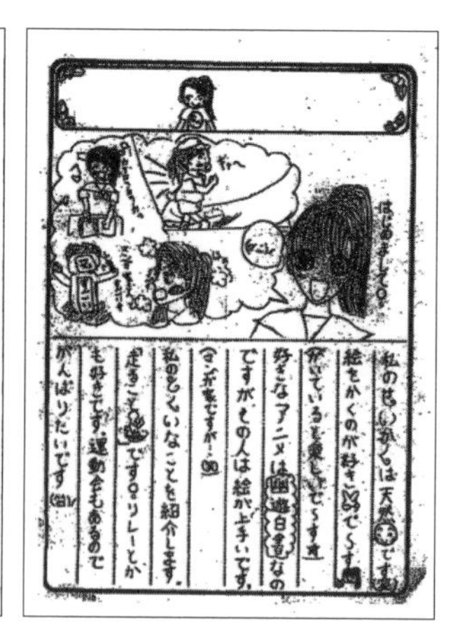

★クラスの様子を紹介するには…

「クラスを紹介する作文」

「学級日誌」他

★先生のことを紹介するには…

「なぞかけ（先生とかけまして…)」他

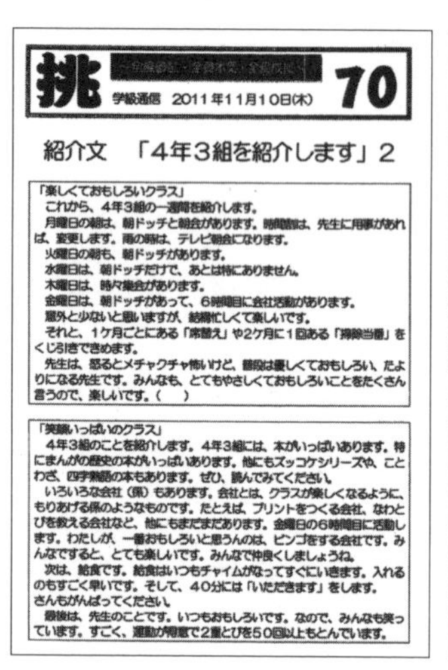

挑　学級通信　2011年11月10日(木)　70

紹介文　「4年3組を紹介します」2

「楽しくておもしろいクラス」

これから、4年3組の一週間を紹介します。

月曜日の朝は、朝ドッチと朝会があります。時間割は、先生に用事があれば、変更します。雨の時は、テレビ朝会になります。

火曜日の朝も、朝ドッチがあります。

水曜日は、朝ドッチだけで、あとは特にありません。

木曜日は、時々集会があります。

金曜日は、朝ドッチがあって、6時間目に会社活動があります。

意外と少ないと思いますが、結構忙しくて楽しいです。

それと、1ケ月ごとにある「席替え」や2ケ月に1回ある「掃除当番」をくじ引きできめます。

先生は、怒るとメチャクチャ怖いけど、普段は優しくておもしろい、たよりになる先生です。みんなも、とてもやさしくておもしろいことをたくさん言うので、楽しいです。(　　)

「笑顔いっぱいのクラス」

4年3組のことを紹介します。4年3組には、本がいっぱいあります。特にまんがの歴史の本がいっぱいあります。他にもズッコケシリーズや、ことわざ、四字熟語の本もあります。ぜひ、読んでみてください。

いろいろな会社（係）もあります。会社とは、クラスが楽しくなるように、もりあげる係のようなものです。たとえば、プリントをつくる会社、なわとびを教える会社など、他にもまだまだあります。金曜日の6時間目に活動します。わたしが、一番おもしろいと思うんのは、ビンゴをする会社です。みんなですると、とても楽しいです。みんなで仲良くしましょうね。

次は、給食です。給食はいつもチャイムがなってすぐにいきます。入れるのもすごく早いです。そして、40分には「いただきます」をします。さんもがんばってください。

最後は、先生のことです。いつもおもしろいです。なので、みんなも笑っています。すごく、運動が得意で2重とびを50回以上もとんでいます。

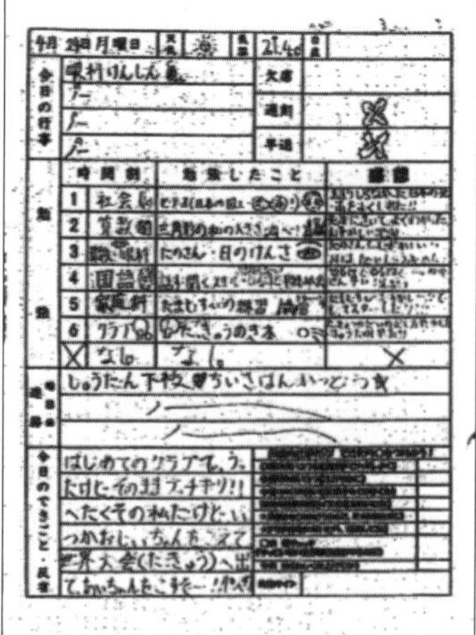

挑　学級通信　2012年　3月19日(月)　93

なぞかけ【川村先生とかけて…

国語の学習「言葉遊び」でなぞかけという遊びをしました。
お題を私にしたので、悩みながらも、子どもたちは好きか勝手に作文していました。

川村先生とかけて
プロ野球選手ととく。
その心は、
どちらも、ボールを投げるスピードが速いでしょう。

川村先生のめがねとかけて
かけ算ととく。
その心は、
どちらもかけるでしょう。

川村先生とかけて
東京マラソンととく
その心は、
どちらも
30キロを超えているでしょう。

川村先生が緊張するとかけて
野球で打者がとりたいものととく。
その心は、
どちらもさんかんでしょう。

川村先生とかけて
上田先生ととく
その心は、
どちらも
30とびに必死です。

川村先生とかけて
ピクニックととく
その心は、
どちらも、バスケットでしょう。

川村先生とかけて
クラスのみんなととく。
その心は、

まとめ

➡ あらゆる機会に，子供達の声でクラス・先生の様子を保護者に伝えよう

5年4組学級通信
校長 〇〇 〇〇
担任 〇〇 〇〇
平成31年10月7日

「備え」を大切に！

10月になり，台風が多く接近する季節になりました。今，子供達は，理科の単元「台風接近」「天気の変化」の中で，天候についての学習をしています。台風は毎年大きな被害を日本にもたらします。どうしても自分が住んでいる地域に被害が及ばなければ，つい他人事になりがちです。授業の導入で子供達が台風や災害を想定した時に抱く疑問，考えを出し合う中で「台風をはじめとする災害時は本当に自分達が住んでいる場所は安全なのか」という不安を抱き始めました。ご家庭でも備蓄や避難場所の確保等，日頃の「備え」を話し合ってみてください。

作品展のご案内

△5年生の作品を掲示している場所は，コンサート風の大きなポスターが目印です

テーマ：心を一つに5年生オーケストラ

粘土を使った作品です。一人一人が，5年生オーケストラの一員です。演奏会にふさわしい衣装や装飾品の数々。そして，何より一番は大切な楽器です。

さぁ，堀江小学校5年生オーケストラは，どんな音を奏でるのでしょうか。会場に流れているクラシックの音楽とともに，子供達の頑張りをご堪能下さい。

題材：中央公会堂

7月の写生会での中央公会堂の下絵を2学期に着色しました。レンガ一つ一つも，丁寧に彩られています。太陽の位置を意識して，影を塗っているところも見どころの一つです。

教育実習の先生が5年4組に !!

昨日から4週間，教育実習生として浦部先生が5年4組で先生になるための勉強をすることになりました。子供達は，新しい先生に大喜び。浦部先生は，ドッジボールと体操・楽器の演奏・生け花と趣味が多彩です。自己紹介の時には，子供達を驚かせる体操の技や馴染みのあるアニメの曲を披露してくださいました。

子供達には，浦部先生に自分達のことを知ってもらうために「自己紹介カード」と「クラスを紹介する作文」の2つを書いてプレゼントしました。子供達のクラス紹介は，私の思っていた以上に学校生活の様々な視点から，たくさん書いてくれて，私にとってもクラスのことを新たに知るよい機会でした。

25 学習のまとめに問題作り

4年

1 問題作りは，先生の意図に応じてお手本を実物で載せる

単元終末の問題作り。算数だけではなく，理科や社会でも大変有効です。右の通信にも書いた約束「③楽しい工夫が見える問題をつくる」ということを子供達に浸透させるという目的で通信に問題を載せる場合があります。自分だけのマイキャラクターを作って，吹き出しを入れたり，囲みや飾りを工夫したりしている問題は，解いているだけで楽しくなりますね。

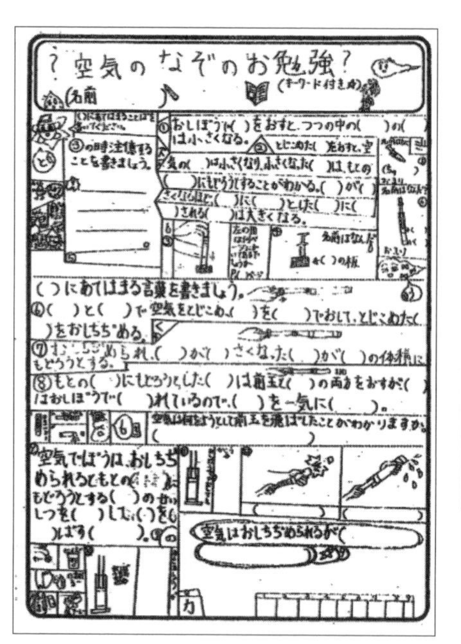

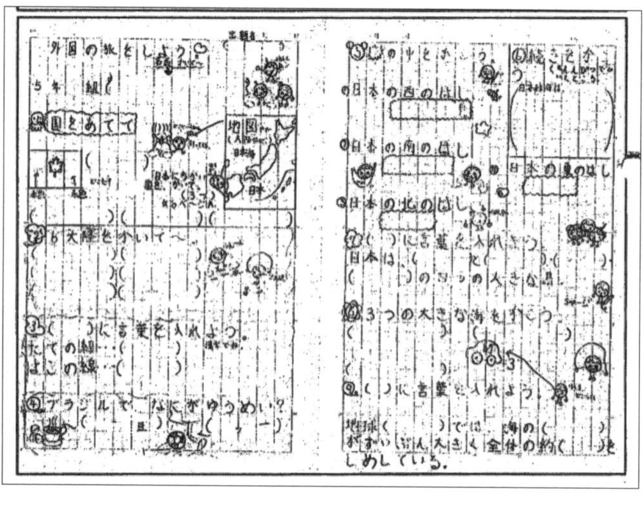

まとめ

➡ 先生が指導上大切にしているポイントを示し，そのお手本となるものを載せて保護者の方や子供達に伝えよう

学級通信に使いたい“とっておきの○○”③「名言（友情）」

・見えないところで友人の事を良く言ってる人こそ信頼できる。（トーマス・フラー）

・やさしい言葉は，たとえ簡単な言葉であっても，ずっとずっと心にこだまする。

・私たちに偉大なことはできません。偉大な愛で“小さなこと”をするだけです。

（マザーテレサ，上記２つ）

・友情は喜びを2倍にし，悲しみを半分にする。（シラー）

・結果だけの成功に価値はない。仲間と共に作ってきた過程にこそ価値がある。（栗城史多）

4年3組学級通信
校長 ○○ ○○
担任 ○○ ○○
平成31年10月22日

学習のまとめに問題作り 

理科単元終了時に，テストに向けての問題作りをしました。問題作りをすることで，学習の大切なポイントを再確認することができます。また，作った問題は一部印刷して全員でテスト前に解くようにしています。この活動は，社会でも同じように進めています。

問題作りの約束は，次の３点です。

① 教科書やノートから問題をつくる
② 自分で解くことができる問題をつくる
③ 楽しい工夫が見える問題をつくる

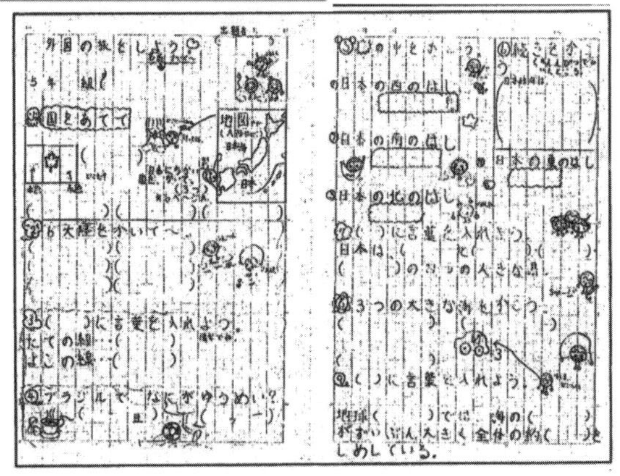

防災発表会に向けて！（総合的な学習の時間）

総合的な学習の時間では，大きな地震が起こった時の避難の仕方について，学習を進めています。万が一，大きなゆれが起きた時「まず，自分の命を自分で守るという事が一番大切です」という話をしました。子供達から「もっと地震について調べたい」という意見が出てきたので，地域にある図書館にお願いをして，地震に関する本を貸してもらうことにしました。これまでに起こった大きな地震について調べ，地震による被害の状況や地震が起こるメカニズムについて調べる子もいました。同時にタブレットでも，調べ学習を進めています。本で調べた内容について，更に詳しく調べるために活用しています。ただ，インターネット上の情報には少し信頼性が低い情報も含まれています。１つだけの情報を信じるのではなく，いくつも関連することを調べた上で確かな情報と思えるものを選ぶように伝えました。

情報にあふれている現代社会において，正しくて信頼できる情報を自ら見つけ出す力が大切です。グループで協力して話し合い，正しい情報を取捨選択していく力もつけて欲しいと思っています。調べたことを『総合学習ファイル』にまとめていくうちに，「これをもっと多くの人に伝えたい」という意見が出てきました。そこで，タブレットにあるプレゼンテーション用ソフト（発表ノート）にまとめ，みなさんで発表会を開くことになりました。色々な場面で自分の身の守り方を知ることはとても大切なことです。

今回，子供達が学習した内容について，ご家庭でも一度話し合ってみてください。そして，事前に準備できることがあれば是非，この機会に取り組んでみてはいかがでしょうか。

26 子供達の休み時間は今

3年

1 保護者の方が興味をもつ休み時間の様子

保護者の方は，自分の子供の学習の様子と同じくらい，休み時間に何をしているのかも気になっています。通信では，１人の子供が何をしているのかを丁寧に載せることはできませんが，クラスの子供達が全般的にどのように休み時間を過ごしているのかを知らせることで，「休み時間について」がお家での話題にもなります。「僕は，○○さんといつも砂場で遊んでいるんだ」「私は，新聞係なので雨の日は○○さんと○○さんと新聞を書いているの」と，まさに通信が保護者と子供をつなぐ一場面であると言えます。

2 教育実習生とともに創る学級通信

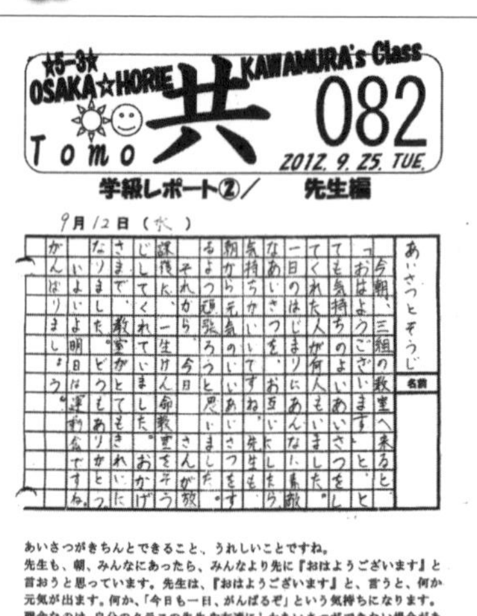
☆5-3☆ OSAKA☆HORIE KAWAMURA's Class

Tomo 共 082

2012. 9. 25. TUE.

学級レポート②／　先生編

9月12日（水）

あいさつとそうじ

名前

今朝、三組の教室へ来ると「おはようございます」とても気持ちのよいあいさつをしてくれた人が何人もいました。一日のはじまりにあんなに素敵なあいさつを、お互いにしたら気持ちがいいですね。先生も朝から元気のいいあいさつをするよう頑張ろうと思いました。それから、今日　　さんが放課後、一生けん命教室をそうじしてくれていました。おかげさまで、教室がとてもきれいになりました。どうもありがとう。いよいよ明日は運動会ですね。がんばりましょう。

あいさつがきちんとできること、うれしいことですね。
先生も、朝、みんなにあったら、みんなより先に『おはようございます』と言おうと思っています。先生は、『おはようございます』と、言うと、何か元気が出ます。何か、「今日も一日、がんばるぞ」という気持ちになります。
残念なのは、自分のクラスの先生や友達にしかあいさつができない場合があること。私自身も、他のクラス、他の学年の先生でも、保護者の方々にも、地域の方々にも、職員の方々にもきちんとあいさつをしていきたいです。

今、先生が目指しているのは、

私が１人の学生を教育実習で受け持った時は，毎日下のような用紙に学級の様子を書いてもらって通信に載せていました。通信はどうしてもいつも担任の先生が書いてばかりになってしまうので，教育実習生を受け持つことをきっかけに，一緒に子供達の様子を保護者に伝えるようにしていました。

「堀江小学校で一番、あいさつができるクラス」になることです。**「私たちが、堀江小学校をもっとよく変えていくのだ！」**というつもりで、堀江で一番あいさつができるクラスになっていきたいです。

毎日のように通信に登場した実習生は，保護者の方も全員知る存在に。お別れパーティーの様子は，写真をたくさん使って通信に載せました。

※日を追うごとに実習生の字も丁寧に読みやすくなってきました

まとめ

- ➡ 休み時間の様子や，学級の文化・流行を保護者の方に発信しよう
- ➡ 教育実習生にも，通信を通してクラスの様子を伝えてもらおう

3年5組学級通信
校長 ○○ ○○
担任 ○○ ○○
平成31年10月30日

10月12日（金）全校，なかよし遠足

全校遠足では，1～6年生で編成する「なかよし班」でのポイントラリーを行います。班で協力して高得点を目指しましょう。午後は各学年で，広い公園で思いっきり体を動かして遊びます。天候により，気温の変化が大きい時期ですので，体調に気をつけて，当日を迎えられるようにしてください。
※当日は体操服で登校します。11日（木）に体操服を持ち帰るのを忘れないようにしましょう。

1組の子供達に聞きました！何でもランキング

おいしいの
おねがいね～

お弁当に入れて欲しいおかずベスト5	
1位	からあげ
2位	エビフライ
3位	卵焼き
4位	ウィンナー
5位	ハンバーグ

大広場でしたい遊びベスト5	
1位	おにごっこ
2位	大縄跳び
3位	ドッジボール
4位	だるまさんが転んだ
5位	氷鬼

子供達の休み時間は今 

少しずつ冬の気配が近づいてきました。寒くなるとどうしても外で遊ぶ子が少なくなります。私が小さい頃は1年間を通してドッジボールに興じていたように思います。まれに先生が一緒に参加してくださるととても嬉しかった記憶があります。

運動が苦手な子も，休み時間に外に出るきっかけとして，身近な生き物の観察や，秘密基地づくり，砂場で遊ぶ等して世界を広げていたように思います。今の子供達の休み時間の過ごし方をみていると部屋で過ごす子も多いようです。本を読んだり，お絵かきをしたり，おしゃべりをして過ごしたりといった具合です。また，新聞係や，掲示係のみなさんは，発行する新聞の記事を書いたり，学級でのイベントの掲示物を用意したりして，仕事を楽しむ様子も見られます。

体を動かすことやみなさんで遊ぶことも大切ですから，学級では1学期から曜日を決めて，みなさん遊びを続けてきました。それぞれの個性が発揮されて，充実した休み時間にして欲しいですね。

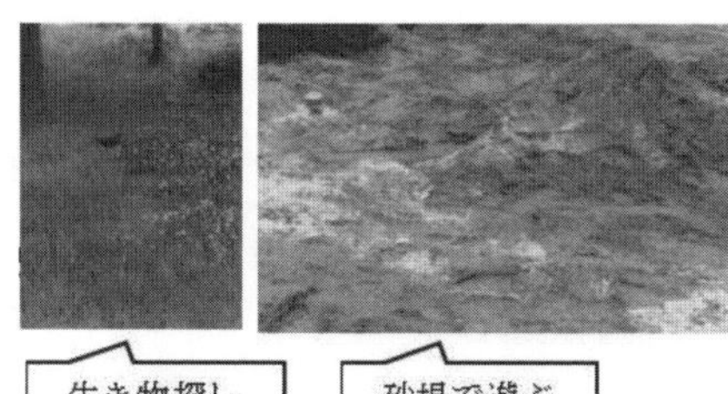

生き物探し　砂場で遊ぶ

楽しい掲示

教育実習終了　ありがとう浦部先生 

浦部先生が講堂で教育実習のあいさつをされてから，もう4週間が過ぎてしまいました。これまで，3年5組のみなさんとたくさん関わってくださいました。休み時間には，一緒になって楽しんで遊んでくれる先生が子供達は大好きでした。

最後のお別れ会では，先生の得意なトランペットの演奏と体育館でロンダートを見せてくれました。涙を流してお別れを惜しんでいる様子も見られました。

浦部先生，ありがとうございました。大学での勉強を終えて，また，いつか堀江小学校に帰ってきてくださいね。その日を楽しみにしています。

27 修学旅行～校長先生からいいとこキラリ☆～

6年

4月 5月 6月 7月 9月 10月 11月 12月 1月 2月 3月

1 ありのままに，子供達のよい姿を伝える

右の通信では，校長先生が修学旅行中の学年の様子を保護者の方に伝えています（もちろん，この通信を読む子供達にも）。通信は，子供達のよい行動を認めることができます。「褒めてもらったことが嬉しいから，次ももっときちんとしよう」「また，通信に書いてもらいたいから次もやってみよう」と外発的な動機ではありますが，子供達の行動変容のきっかけとなることでしょう。

2 保護者の方への告知をする

学校の取り組みはどのような行事であっても，先生達の気持ちからすれば，できるだけ多くの保護者の方にきていただきたいと考えることが自然です。当然，どのクラスの保護者の方にも学年便りや別紙学校から配付する手紙でお知らせします。しかし，その情報を見逃していて「知らなかったために参加できなかった」という声を聞いたことがあります。

そこで，学年便り等でお知らせしている情報でも，学級通信で再び告知することでより多くの保護者の方にその取り組みを知ってもらえば多くの方に参加してもらうことができます。時に通信は，行事の告知に活用するのも有効です。

まとめ

➡ 子供達のよい行動，よい姿を通信で発信しよう
➡ 学年便りで告知していることでも，再度，通信で告知しよう

コラム④ 「学級通信」は紙でないとダメなのか

学級通信というと，輪転機で更紙に印刷されたものが一般的ですね。印刷した学級通信を全ての保護者に「関心をもって読んでもらえればよいのですが，様々な事情の中で必ずしも全ての保護者が読むことができるとは限りません。発想を変えて，紙でない学級通信を発行してみてはどうでしょうか。パスワード設定等セキュリティ対策をしている学校ホームページに掲載するのです。その際，PDF 化した紙の学級通信を単純に載せるのではなく，例えばスマートフォンでも閲覧しやすいように編集した学級通信を載せます。つまりいつでもどこでも保護者が学級通信を見ることができるようにするのです。デジタル学級通信にすると，日本語を母語としない外国人家庭に配慮した写真を多用する学級通信を容易に作成できます。写真がたくさんあれば他の保護者にも興味をもってもらえます。また，即時に学校の様子を伝えられます。多様な方法で作成した学級通信で保護者のニーズにこたえます。

6年1組学級通信
校長　○○　○○
担任　○○　○○
平成31年11月7日

拝啓　江戸時代に生きた人々

今，社会では「明治維新から世界のなかの日本へ」という学習をしています。明治・大正時代は，鎖国をしていた江戸時代とは一転して，「欧米の文化をたくさん取り入れ，外国と交わり，世界の中で日本は生きていく」…という時代です。

五箇条の御誓文，版籍奉還，廃藩置県，四民平等，解放令，学制，富国強兵，徴兵令，地租改正，文明開化，自由民権運動，大日本帝国憲法，日清・日露戦争，韓国併合，…欧米に負けない強い国づくりをするための政府の政策。変わっていく人々の暮らし…。これまでそのようなことにも触れながら学習を進めてきました。振り返れば江戸時代末期，いわゆる“幕末”と呼ばれる時代に，「開国するべきか，しないべきか」「これからの日本はどうなっていくのか」等，様々な人の想いがぶつかり，日本人同士が争うということがありました。その中には，新しい時代を欲しながらその時代を見ずになくなった人もいます。徳川政権を維持するために戦い，亡くなった人もいます。江戸時代を支えてきた農民や町人もいます。ずっと差別されてきた身分の人もいます。

拝啓　坂本龍馬さん
前略
江戸時代が終わり，明治時代になって良かったことと，問題なことを紹介します。良なったことの1つ目は，鉄道が開通したりしたことで，どこかに行くのが楽になったことと，電信や郵便が普及したことで，相手との連絡が楽になったことです。2つ目は，政治に国民の意見が取り入れられるようになったことです。一部の人だけですが，選挙がはじまりました。問題なことの1つ目は戦争がはじまったことです。外国と争いがはじまり，たくさんの人が亡くなりました。2つ目は公害が発生したことです。公害が発生すると近くに住んでいる人の迷惑になったり，農作物に被害をもたらします。明治時代になって色んなことが便利になった反面，たくさんの問題が発生しましたが，国民が全員平等となり，政治に参加することができました。これからも，日本が先進国でいれるように努めていきます。

昨日の社会の学習では，江戸時代を生きてきた人々に，明治時代がこんな風に変わったのだと，紹介する手紙を書きました。明治時代は江戸時代よりもよい時代になったのでしょうか？　子供達がこれまでの学習を生かして書きました。子供達とは今の社会に大切なことは何か？についてたくさん考えて，新しい時代を作っていけるようにして欲しいです。手紙は社会科のノートに貼ってあります。ご家庭で読んでいただければ幸いです。

修学旅行　～校長先生からいいとこキラリ☆～

校長先生に伺った修学旅行で見つけたキラリと輝く姿を紹介します。

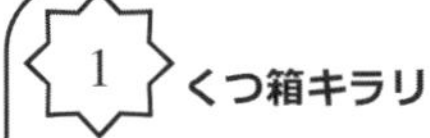

宿泊先のくつ箱のくつがきちんと整理されて並べられていました

食べ終わった後，指示がなくても周りの食器を重ねる気づかいがありました

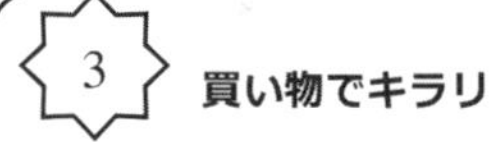

家族の性格や好きな物を考え，悩みに悩んでお土産を買う優しい姿が見られました

小さなことですが，このようなことを当たり前のようにさらりとできる子供達は素晴らしいです。見つけた時はこちらの心がほっこりと温かくなりました。学校生活でもこのような小さなキラリを見付けて紹介します。

連絡　再び!!修学旅行の様子，ビデオ上映会を開催します!!

毎年の恒例になっている本校独自の行事。林間学習や修学旅行の帰校式当日に見ていただく『出来立てほやほやのビデオ上映会』を今年も実施しました。笑いあり，涙ありの２部構成の映像はお楽しみいただけたでしょうか。「修学旅行の帰校式の時間帯での上映だったので見られなかった」「他の機会にも上映して欲しい」というリクエストをたくさんいただきましたので，11月22日（木）の学習参観・懇談会終了後，上映会を実施します。

日時：平成31年11月22日（木），16:00～16:30
場所：多目的室（新館４Ｆ）
内容：修学旅行の様子のビデオ
※上映しているビデオの撮影・録画はご遠慮ください。

28 大好きなキャラクターを作ったよ 2年

1 掲示物等，教室でしか見られない物を伝える

子供達の作品には，子供らしくいきいきと，一人一人の個性が輝いて表現されていることでしょう。教室の背面掲示等の掲示物も同様です。しかし，図工の作品は保護者の方に見ていただく機会があるものの，教室の背面掲示や子供のちょっとした作品は，学習参観や学級懇談会の時にもあまり見ていただく機会がありません。そこで，通信に背面掲示を載せて保護者の方に見てもらうようにしましょう。

私の通信には，これまで「声のものさし」の掲示や「正しい姿勢で座りましょう」の写真付きの掲示等もその指導のポイントも示しながら載せたことがあります。図工の作品とは違う，普段あまり保護者の方が目にすることのない掲示物も通信に載せてみてはいかがでしょう。

まとめ

➡ 子供達のいきいきとした姿が表れている掲示物を発信しよう

効率よく通信を発行する“とっておき”の時短ワザ ❹

～ スマホのアプリを活用する ～

スマートフォンやタブレット端末の機器に入れることができるアプリを使うことは，学級通信作成の手助けになります。ここで紹介する私のスマートフォンに入っているアプリと同様の機能を兼ね備えたアプリもあると思いますので，ご自身の使い勝手のいいアプリを探して学級通信作成に活用してみてはいかがでしょうか。

Office Lens

このアプリは，あくまでも無料アプリなので限界がありますが，撮影した紙の書類を Word の文字データに変換することができます。また，黒板の写真を撮りたいけど，斜めからしか今は撮ることができない，という場合でも撮影した写真が自動補正され，正面からみたような写真に修整されます。この機能は，通信を作成する際の様々な場面で応用することができるはずです。

iScanner

このアプリは，学級通信に使いたいと考えて撮影しておいた写真データ（子供のワークシートや作文，子供が描いたイラスト等）を PDF データに変換することができます。データを取りためておいても，メールで送ったり，Dropbox 等のクラウドに入れたりもできます。

smiley（スマイリー）W（ダブル）ピース no.28

2年2組学級通信
校長 〇〇 〇〇
担任 〇〇 〇〇
平成31年11月13日

生まれ，育ってきた命

道徳の学習の時間，ハムスターの赤ちゃんが大きくなっていくまでの様子を学習しました。ハムスターが大きくなっていく様子の動画を見ると，「すごい！」「小さいのに，すごく一生けんめいにお乳をすってる！」「可愛い！」「こんなに大きくなるの！」と生き物が成長していく様子に，みなさんは驚いた様子。「みなさんだったら，ハムスターの赤ちゃんにどんな言葉を掛けてあげたいですか？」と聞くと，「おめでとう」「ようこそ」「生まれてきてくれてありがとう」「どんどん大きくなってね」というように，優しい言葉を掛けてあげる子がたくさんいました。それを見ていて，先生はとても心が温かくなりました。先生は，みなさんの優しい心がとても好きです。その後の昼休み，Aちゃんがクラスで飼育している，ザリガニのお世話をしていました。Aちゃんは，「ザリガニさんの赤ちゃんも早く大きくなってね」と声をかけながらお世話をしていました。道徳の時間に見つけることができた優しい心がここにも見ることができました。

大好きなキャラクターを作ったよ 1

先日の遠足で行った緑地公園では，秋さがしを楽しみました。みなさん競うように，落ち葉やどんぐりを拾い，袋いっぱいに持ち帰りました。生活科の学習で，どんぐりを使って，色々作って楽しむことができました。

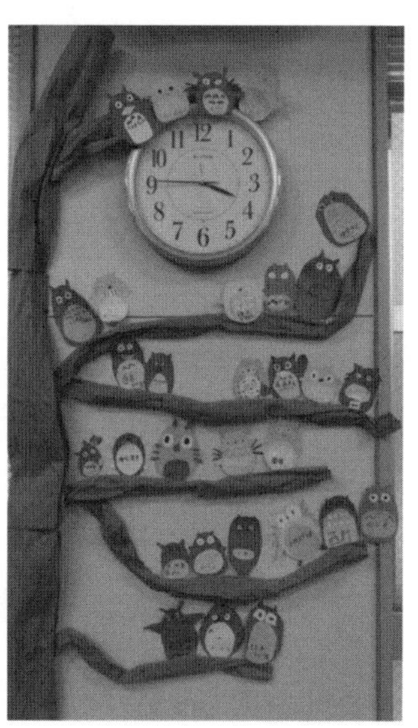

※右の写真の森の生き物の掲示物をはじめ，私はいつも，“居場所”として，1人1点教室に作った作品等を貼ることを心がけています。朝登校したら，自分の分身がそこにいて，気分がほっこりするような気がするからです

保健室より ～けがをしたらどうする？～

自分で簡単にできるけがの手当てを覚えておきましょう。堀江小保健便り「健やかNo.5」より抜粋

すり傷・切り傷	**すぐに水道水でよく洗い流す** →洗ったあとに消毒して，出血のひどい時はガーゼを当てた後に絆創膏をします。状態があまりよくないと判断した場合は，保護者の方や先生と相談して病院で診てもらうようにしましょう
鼻血	**鼻をつまんで下を向く** →なかなか止まらないときは，鼻の上部を冷たいタオル等で冷やします
だぼく・ねんざ・突き指	RICE処置が基本の手当て REST　動かさず安静に ICE　氷で冷やす COMPRESSION　伸びる包帯を巻く等して圧迫する ELEVATION　けがをしたところを心臓よりも高くする

29 楽しかったよ！おもちゃランド

1年

1 異学年との交流を伝える

右の通信は，生活科の学習で２年生と交流した時の様子を紹介しています。本校では，隣接する幼稚園や近隣の保育所との交流も盛んです。自分の学年やクラスの友達だけではなく，年齢の違う子供達と接することで，時に子供達は優しくなり，賢くもなります。そのような学校独自の取り組みは，学校の教育により理解と協力をお願いする意味でも積極的に保護者の方に伝えるようにしましょう。注意しなくてはいけないのは，「〇〇をしました」という活動の紹介に終始してはいけないということです。この活動は，どのようなことをねらいとして行っているのかをきちんと明記するようにしましょう。また，１年生の感想だけではなく，ここで一緒に活動した２年生の感想文を通信に載せるのも子供達の励みになるとともに，異学年の友達との輪も広がるでしょう。通信は，異学年の子とのつながりをつくる新たな一手となります。

まとめ

➡ 学校の取組は，その活動のねらいとともに積極的に発信しよう

《通信作成のヒント》実物紹介 ⑥ ～ 思い出を想起させる ～

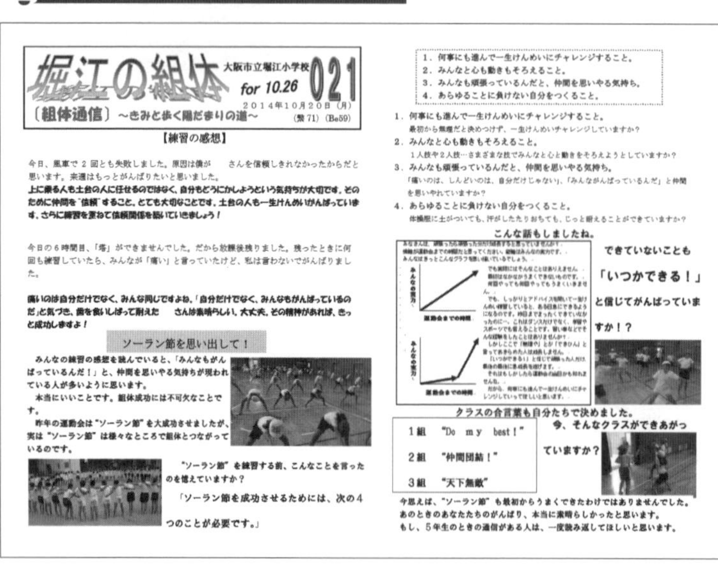

堀江の組体　大阪市立堀江小学校　for 10.26　021

〔組体通信〕～きみと歩く陽だまりの道～　2014年10月20日（月）（繋71）（Be59）

【練習の感想】

今日、風車で２回とも失敗しました。原因は僕が　さんを信頼しきれなかったからだと思います。来週はもっとがんばりたいと思いました。

上に乗る人も土台の人に任せるのではなく、自分もどうにかしようという気持ちが大切です。そのために仲間を"信頼"すること。とても大切なことです。土台の人も一生けんめいがんばっています。さらに練習を重ねて信頼関係を築いていきましょう！

今日の６時間目、「塔」ができませんでした。だから放課後残りました。残ったときに何回も練習していたら、みんなが「痛い」と言っていたけど、私は言わないでがんばりました。

痛いのは自分だけでなく、みんな同じですよね。「自分だけでなく、みんなもがんばっているのだ」と気づき、歯を食いしばって耐えた　さんは素晴らしい。大丈夫。その精神があれば、きっと成功しますよ！

ソーラン節を思い出して！

みんなの練習の感想を読んでいると、「みんなもがんばっているんだ！」と、仲間を思いやる気持ちが現われている人が多いように思います。

本当にいいことです。組体成功には不可欠なことです。

昨年の運動会は"ソーラン節"を大成功させましたが、実は"ソーラン節"は様々なところで組体とつながっているのです。

"ソーラン節"を練習する前、こんなことを言ったのを憶えていますか？

「ソーラン節を成功させるためには、次の４つのことが必要です。」

1．何事にも進んで一生けんめいにチャレンジすること。
2．みんなと心も動きもそろえること。
3．みんなも頑張っているんだと、仲間を思いやる気持ち。
4．あらゆることに負けない自分をつくること。

1．何事にも進んで一生けんめいにチャレンジすること。
最初から無理だと決めつけず、一生けんめいチャレンジしていますか？

2．みんなと心も動きもそろえること。
１人技や２人技…さまざまな技でみんなと心と動きをそろえようとしていますか？

3．みんなも頑張っているんだと、仲間を思いやる気持ち。
「痛いのは、しんどいのは、自分だけじゃない」、「みんながんばっているんだ」と仲間を思いやれていますか？

4．あらゆることに負けない自分をつくること。
体操服に土がついても、汗がしたたりおちても、じっと耐えることができていますか？

こんな話もしましたね。

できていないことも「いつかできる！」と信じてがんばっていますか！？

クラスの合言葉も自分たちで決めました。

1組　"Do my best！"
2組　"仲間団結！"
3組　"天下無敵"

今、そんなクラスができあがっていますか？

今思えば、"ソーラン節"も最初からうまくできたわけではありませんでした。
あのときのあなたたちのがんばり、本当に素晴らしかったと思います。
もし、５年生のときの通信がある人は、一度読み返してほしいと思います。

６年生の運動会の本番直前。この通信では，５年生の頃に「一生けんめいソーラン節に取り組んだこと」「その時先生が伝えたメッセージ」を想起させて，組立体操の意欲向上につなげています。通信は，当時の記憶を鮮明に思い出させてくれる先生と子供をつなぐ記録になるのです。

1年6組学級通信
校長 ○○ ○○
担任 ○○ ○○
平成31年11月20日

楽しかったよ！おもちゃランド 

先週，２年生から招待状が届きました。中を開けて読んでみると「１年生のみなさん，おもちゃランドにきてください。私達の手作りおもちゃで，一緒に遊びましょう」と書かれていました。２年生が，生活科の学習で，手作りおもちゃを作り，１年生を招待してくれたのです。１年生の子供達は大喜びでした。

２年生の教室に行くと，たくさんのおもちゃが用意されていました。まず，２年生からルールの説明を聞きました。音楽が流れると，次のコーナーに移動し，順番に遊ぶことができます。どのコーナーでも楽しそうな笑い声が響いています。2年生も１年生に優しく声をかけてくれたり，一緒に遊んでくれたりしていました。とっても楽しかったようで，終わりの時間がくると「もっと遊びたかった！」と残念そうな様子でした。教室に帰ってからも，「あのゲームがおもしろかった！」とか「あれはお家でも作ることができそう！」と，いつまでも話をしていました。

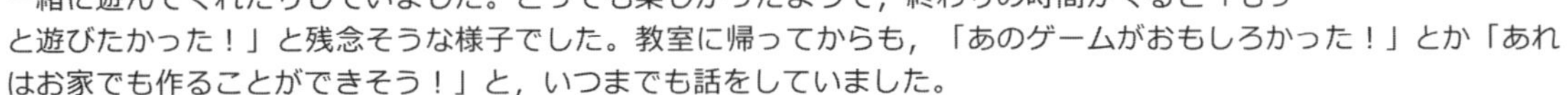

今回は，２年生に招待してもらいましたが，１月には１年生が保育所の子を招待して交流をします。優しい２年生をお手本に，楽しく交流できればと思います。

作品展に向けて

１年生初めての作品展に向けて図工の学習では，絵画と立体作品を制作しています。絵画のテーマは「お話の絵」。日本昔話「おむすびころりん」の絵本を読み，おじいさんがおむすびを追いかけて，穴の中に入っていく場面を表現しています。コロコロ転がっていくおむすびは，子供達一人一人によって形や向きが違います。また，おじいさんの表情も豊かです。水彩絵の具を使って彩色もしました。時間をかけて，丁寧に仕上げることができました。

立体作品は「はこからつくったよ」です。ご家庭で集めていただいた空き箱や，ペットボトルのふたやトイレットペーパーの芯等の廃材を使って動物を作っています。食品トレイはゾウの耳に，卵のパックはワニの背中にと，様々な工夫が見られます。今教室は賑やかな動物園です。作品展当日は，講堂に手作りの草むらや川や山も配置しますので，迫力ある作品を楽しんでいただけると思います。どうぞ，ご家族の皆様，作品展に是非お越しください。

日本語と式は相性が悪い⁉

１年生で習う「ひき算」の学習も単元の終末を迎え，学習のまとめの時期に入ろうとしています。子供達の中には計算するのは得意だけど，文章題は苦手という子もいるのではないでしょうか。実はそれには訳があります。

> １＋２＝3を英語に訳すと「1 plus 2 equals 3.」となります。これを日本語では，「1に2をたすと，3になる」とでも訳すのでしょうか。これをもう一度，式の形に直訳してみましょう。すると，「1　2＋3になる」と変な式になります。更に，日本語の文章は最後まで読まないと「1に2をたすと3より大きくなる」なのか，「1に2をたすと3より大きくなることはない」なのかが分かりません。このことから，日本語の文章題を式に翻訳するのは難しいのかもしれません。

そこで学校では「文章題」→「式」の翻訳の練習を重ねるとともに，「式」→「文章題」の練習も行い，子供達が自由に式と言葉を翻訳し，行き来できることを目指しています。つまり，「式」⇄「言葉」ということです。

例えば，「しき　13－9」を示して「おかしが13個あります。9個たべると，残りは何個ですか」や「男の子が9人います。女の子が13人います。どちらが何人多いでしょうか」等，式を先に示して問題作りやお話作りをするようにします。そして，数式の翻訳家にみなさんがなれるように指導していきます。

ご家庭でも「式」⇄「言葉」に翻訳する練習を重ねてみてください。問題作りやお話作りが難しい時は，絵本やイラスト等を使って場面を想像しながら練習するといいですよ。

30 今の学級の様子から

6年

1 通信を子供達の考えを交流する場に

学級のいいことばかりを通信に書くのもいいですが，高学年くらいになればクラス全体の様子から考えて欲しい内容を扱うこともあります。一人一人に考えを書いてもらい，「今の学級をどう思うか」「今日あった出来事から考えること」等の考えをクラス全体に共有します。もちろん，文章を載せる際には，本人の許可を取っておくことや，学級の実態から広めることでその子に不利益が被ることがないということが前提です。

ここで一番大切なのは，保護者を不安にさせるだけの内容にならないようにすることです。クラスがその後，どのような方向に進んでいるのか，先生は担任としてどのように子供達を導いていきたいと考えているのかをきちんと明記しておかなくてはいけません。

学級通信「共３２」を読んで

今日は、自分で自立したクラスになって欲しいことを書きます。
わたしは、先生に「こうやりなさい」「ああやりなさい」と言われる前に自分たちでできることをするということが、今の５年３組にはまだできていないと思います。そのようなクラスをつくることが、わたしたちの目指すことだと思いました。
それには、クラブや委員会など自分でするのを忘れたり、持ってくる物を忘れたりしないように気を付けないといけないと思いました。

私は、いつも学級通信を見て明日からはこんなことをがんばってみようかな？とか、どんなクラスになったらいいのかな？とか考えています。
団結するクラスってどんなのかな？よーく考えました。
みんな仲良くして笑顔あふれるクラスってどういうことをしたらいいのだろう？
先生は、どのようなクラスになって欲しいのだろう？とっても考えました。このままでは、みんな成長できないと告げられた時は、正直言って悔しいです。
楽しい団結するクラスになるためには、先生の話をよく聞き、きちんと何事にもチャレンジできるようなクラスにならないとだめです。
５年生は、高学年です。お手本になるよう、ステキなクラスにしたいです。これからの変わり方が楽しみです。１つ１つきちんとできるクラスになれると思います。

ぼくは、１つ１つ小さなことでも直していきたいです。一つ、小さなことをほったらかしにすると、大きなことになるからです。それは、ぼくが直さないといけないと思うことの一つです。

あと、３つあります。自立したクラスにすることです。先生から、「あれしなさい。」など言われないようにすることです。
あと、２つです。学級目標をがんばることです。立てたわりには、できていないのでがんばりたいです。
最後は、自分で考えて行動するということです。委員会などを何のためにしていることなのか考えることです。
先生の期待を裏切らないように。いや、先生の期待以上にしたいです。

私は、５年３組の目標、「絆・やさしい心、友達をおもいやり団結するクラス」の目標が達成するようにしたいです。
すべてがひどいというわけではないけど、ちょっとした問題が大きな問題につながるので、できるだけそうならないように頑張りたいです。
先生が、「いいクラス」と思える史上最高のクラスになり、日々の乱れている生活がよくなったらいいと思います。
楽しいクラスになって、中学校でも「あのときのクラスよかった」っていうクラスになりたいし、堀江小学校全員の先生がいいクラスと思ってくれ、３月ごろには、目標を達成し、自立したクラスになり、深い絆を持ちやさしい心でどんな子にもやさしく立ち向かい、友だちを大切に思いやり、団結したいです。

みんなの思い、そして、高学年としてのやる気がよくわかります。

みんなで団結しよう！ と団結することを目標にがんばるのではなくて、日々の生活を充実したものにして過ごし、その結果、３月に

「わたしたち、３組は団結していたね」

といえるのが理想です。
まだ、５年生はスタートしたばかりです。
これからが本当に楽しみです。

この通信は，５年生の５月に発行したものですが，ここに載せている一人一人の考えを読み聞かせてから，クラスで意見交流を行いました。通信を通して自分の考えをクラス全体に言うことができる安心感，先生が代弁して読み上げてくれる安心感があり，クラスのまとまりがより一層強くなります。

まとめ

➡「クラスをよりよくするためにどうすればよいのか」等，通信で子供達の考えを交流して子供達の行動変容を促そう

6年1組学級通信
校長 〇〇 〇〇
担任 〇〇 〇〇
平成31年11月29日

今の学級の様子から 

みなさんは，今，自分達のクラスについてどのように思いますか。運動会が終わってから2ケ月が経過しました。あの運動会での頑張りは，今の学校生活に生かされているでしょうか。運動会は学年もクラスも一致団結して素晴らしい1つのものを創り上げました。

あの時の頑張りは，運動会の時だけのものだったのでしょうか。

あの時の頑張りは，運動会のためだけのものだったのでしょうか。

今日の自主学習は，今の自分達のクラスについて考えを書いてくるようにしましょう。「いいなと感じていること」も「あまりよくないなと感じていること」も素直に，自分をクラス全体を見つめなおして書いて欲しいです。

こうやって先生から「考えを書いておいで」と言われると何かマイナスに感じることがあるかもしれません。何も全てを悲観的に捉える必要はありません。大切なことは，自分の考えをきちんともつことです。

卒業文集　～6年間の集大成を！～

学級では今，卒業文集に取り組んでいます。まず，卒業アルバムとはどんなものかを過去のものを見てから，自分達は文集にどんなことを書くのかについて話し合いました。子供達にどんなことを書きたいのかを聞くと「友達との思い出を書きたい」「最後の運動会のことについて書きたい」「将来の夢について書きたい」等色々な意見が出てきました。それらを分類すると「学校でのこと」「将来のこと」と大きく2つに分かれました。まずはその2つについて書いてみて，自分の想いがより強い方を選ぶことにしました。

先輩達の文集を見て，子供達は「字がとても丁寧だ」と驚いていましたので，「なぜだと思う？」と聞き返してみました。すると「自分ができる最大の力を出したからだと思う」と返ってきました。「1年生で入学の時からこんな風に書けたの？」と聞くと，「違う。1年生の時から練習してきたから綺麗な字が書けるようになった」と返ってきました。「漢字を書いたり，文を作ったりすることもそうですよね。小学校でみなさんがたくさん練習をしてきたから，今の自分があるんですよね」ここまで言うと，1人の子供が「小学校でやってきたこと全てをその文集に載せればいいのですね」と言いました。

まさにそのとおりです。もちろん書く内容もとても大切なことです。それともう1つ，文字のきれいさや作文能力等，小学校6年間で培った最大の力をこの文集に注ぐことが大切だと私は考えます。卒業文集は，いわば6年間の集大成です。

そう話し合った後，書き始めました。まだ下書きですが，丁寧な字で書ける漢字は全て漢字で，と話し合ったことを意識して書いている子が多かったです。この後，私と何度もやりとりをしながら卒業文集を仕上げていきます。3月，子供達の6年間の成長を楽しみにしていてください。文集は，卒業式の前日に教室で配付します。

学習の発展‼豆知識　風の速さのはかり方ってどうするの？

算数では「速さ」の学習が終わりました。子供達の生活の中に「速さ」を感じるものはたくさんあるかと思いますが，特に，公園で遊んでいて風を感じたり，天気予報の中で「風速〇〇メートル」という言葉を聞いたりすることが多いかと思います。今回は，風の速さのはかり方について少し考えてみたいと思います。

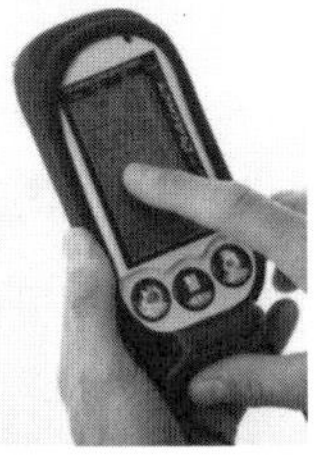

長さをものさしではかるのと同じように，風の速さをはかる計器は色々あります。例えば右のようなものです。

でも，実は簡単なもので風の速さをはかることができます。それは，糸と風船，ストップウオッチです。「速さ」の学習のまとめとして実際に風船と糸を使って行う予定です。詳しい方法は授業で行いますので，続きは授業学習後，子供達からお聞きください。

<u>**※風船が風で飛ぶくらいの風がある日限定です**</u>

31 外国語活動～これ，なーんだ？～ 3年

1 使っている教材を載せて授業の様子を伝える

右の通信の記事のように，授業の様子を言葉で説明するだけではなく，外国語の学習の中で実際に行ったクイズの問題を載せることで，より保護者に学習の様子が伝わります。

例えば左の写真は，体育の学習で「力強い動きを高める運動」のリズム腕立てに取り組んでいる様子です。この運動は，タブレットの中のフォルダから動画ファイルを選択し，流れてくる動画のテンポにあわせ，腕立て伏せの姿勢で決められた数字や色の場所に手を動かす運動です。この様子を伝えるためには，実際に使った動画ファイルの中身や教材を載せることで，写真からその様子をより想像することができます。

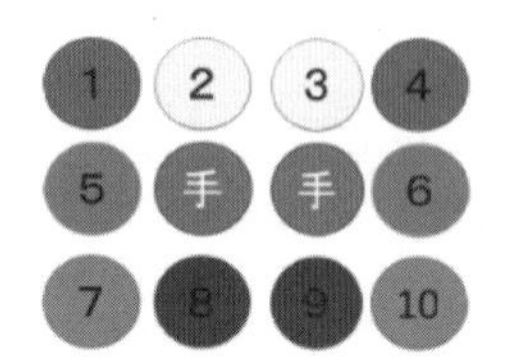

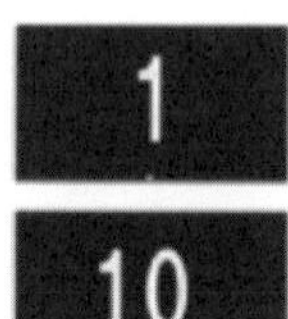

まとめ

➡ 授業の様子を通信で伝えるためには，実際に使った教材を画像として載せるようにしよう

学級通信に使いたい“とっておきの○○”④「身近な著名人の名言」

・成功の反対は失敗ではなく，「やらないこと」だ。（佐々木則夫）
・小さいことを積み重ねるのが，とんでもないところへ行くただ一つの道だと思っています。
・夢は近づくと目標に代わる（イチロー，上記の名言含む）
・人を大切にする集団は必ず好循環を生み出し，強くなるだけでなく人々に愛され憧れの集団になるのだと思う。（五郎丸歩）
・いつか，必ず，チャンスの順番が来ると信じなさい（秋元康）
・大事なことは本気だったかどうかだ！（松岡修造）
・新しい本田をゼロから作る。挑戦を続ける。限界を作らずに常に前進していく。（本田圭佑）
・昨日の自分は決して今日の自分を裏切らない。（浅田真央）
・テクニックは人から教わることができる。でも，ハートは自分で鍛えるしかない。（ラモス瑠偉）

3年5組学級通信
校長 〇〇 〇〇
担任 〇〇 〇〇
平成31年12月2日

リレー習字に挑戦しました！

5月から国語科の学習で毛筆を使った習字の学習を進めてきました。毛筆を使って字を書くことに対しては，ほとんどの子が初めてだったので，みなさん毎回習字の学習を楽しみにしながらやってきました。初めは，すずりや墨汁の準備をするだけでもあたふたしていましたが，今は細かく指示を出さなくても，素早く用意ができるようにもなりました。これまでは，筆の「入れ方」，「止め方」から始め，「はね」，「左はらい」，「右はらい」等，様々な字を書くために必要な書き方を学習しました。

今回の習字の学習では，「リレー習字」に取り組みました。「リレー習字」は，グループに分かれ一画を１人ずつが担当し，全員で１つの字を書きあげるという学習です。自分１人で書いている時以上にバランスをとるのが難しく「字の太さ」や「余白」等，普段意識できていないようなことにも注意を払いながら書かなければなりません。今回みなさんで書いた字は「水」です。これを４人で分担して書きました。

みなさん，「そこはもうちょっと上だよ」「次はもう少し長くした方がいいんじゃないかな」等と，グループの仲間とたくさん声を掛けながら取り組んでいました。普段は習字が苦手な子も，仲間と取り組むことで楽しみながら参加できました。教室には，子供達が書いたリレー習字を掲示しておりますので，学期末の懇談会の際に是非ご覧ください。

めざせ！！なわとび名人☆

今，体育の学習では，縄跳びをしています。ペアの子としっかりと跳べているのかを確認し合いながら行っています。最初は，なかなか上手に跳ぶことができなかった子も，友達と声をかけ合いながらたくさん練習することで，どんどん上達しています。

また，大縄跳びの「８の字跳び」にも挑戦しています。タイミングよく縄の中に入ることが難しいと感じていた子も，跳べる子が後ろに立って「今！　今！」と言ったり，手をつないで一緒に縄の中に入ったりして協力しながら取り組んでいます。「直井さん，めっちゃうまくなったな」「浦部さん，もう少し真ん中の方で跳んだら跳びやすいで」等と，友達を思いやる声掛けであふれています。５分間で 100 回跳べるようになろうと最初に立てた目標は，すでに達成し現在 157 回です。記録が更新した時の子供達の笑顔はキラキラしています。縄跳びを通して，何事にもチャレンジする気持ちや友達を思いやる気持ちを育てていきます。

外国語活動　～これ，なーんだ？～ 

春から始めた外国語活動の学習にもいつの間にか慣れ，子供達は毎回元気に英語であいさつをしています。今回外国語活動では，英語でクイズ大会を開催することをめあてとして，学習に取り組んでいます。What’s this?の表現をチャンツのリズムに合わせて練習した後は，タブレットを使ってクイズの問題を作成する活動を行いました。「どうやったら解答者がヒントを求めるようなクイズになるか」ということについて，二人一組で考えながら，子供達は楽しそうにクイズを作成しています。What’s this?→Hint, please.というやり取りの中で，英語を話すことが今まで以上にスムーズになるように期待をしています。タブレットの扱いもだいぶ慣れてきたようで，画像のトリミング，拡大，縮小，図形の挿入等，様々な操作法をあっという間に使いこなすことができる子供達の吸収の速さには，本当に驚かされます。

☆クイズの例

※今後もタブレットの長所を上手く活用しつつ，子供達の対話が少しでも深まるような取り組みを進めていこうと考えています！

32 「今年の漢字」を考えよう

4年

1 今年の漢字を考える

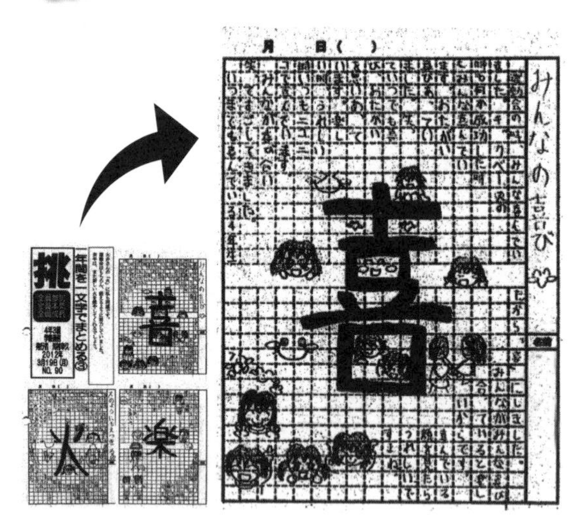

毎年，新聞やテレビで年末になると話題になる「今年の漢字」。クラスでも今年の漢字を考えてその理由とともにワークシートや作文用紙に書いて交流すると楽しいです。そして，子供達が選んだ漢字を通信に載せるとよいでしょう。子供達の文章から，クラスの様子を保護者に伝えることができます。

まとめ

➡ 今年の漢字とその選んだ理由を通信に載せて，クラスの様子を保護者に伝えよう

コラム⑤ 学級通信はいつ配る？

私は，学級通信は，朝の健康観察の後に配付して子供達に読み聞かせるようにしていました。朝に配付することで，その日の１日の子供の行動が変わるからです。例えば，係活動の様子を紹介している記事を読んだとすると「早速，今日の休み時間にもそれぞれの係活動を進めてみてね」「今日は雨なのでお昼休みに係活動でしたいことがあったら，教えてくださいね」と伝えることもでき，その日の子供達の活動が活発になります。

学級全員で少し考えてもらいたいことを通信に載せた場合に，放課後に配付して読み聞かせても，子供はその後の遊びや習い事のことを考えていて，真剣に話を聞くことが難しいように思います。

子供達の頑張りや成長を通信に載せた場合でも，朝に「〇〇さんは二重跳びができるようになったんだって。今日の休み時間にみなさんで一緒にやってみようよ」「昨日，〇〇さんが放課後に教室の清掃を手伝ってくれたから，今日は教室がきれいで清々しいね」と伝えることで１日の好スタートを切ることができます。

前の日の夕方には，管理職に原稿を点検してもらうようにして，次の日の朝には教室で子供達と一緒に通信を読んで１日のスタートを切りたいものですね。

4年3組学級通信
校長 〇〇 〇〇
担任 〇〇 〇〇
平成31年12月10日

みなさん大活躍☆クラブ発表！クラブ作品展示！

４年生になって始まったクラブ活動。初めて成果を披露する機会がありました。今回は全校集会でダンスクラブのみなさんが発表しました。４月からの約10ヶ月間練習したダンスを堂々と発表し，見ていたみなさんもノリノリになるほど大盛り上がりでした。クラスからは，奥長さんと塩根さん，中辻さんが踊りました。集会の後，教室では発表したダンスをクラスのみなさんに教えてくれてその日はダンス三昧でした。

来週は手芸クラブ，イラストクラブ，工作クラブの作品展示が始まります。クラブ活動中に教室を覗いてみると，一生けんめいに作品制作に取り組んでいました。どんな作品ができるのか楽しみですね。明日12月11日（水）が２学期最後の活動です。３学期のクラブ活動は３回です。

クラブ発表・作品展示

今年度より，クラブ発表・作品展示は保護者の方も御覧いただけます。展示日程や時間等，詳しくは，学校便りをご覧ください。

「今年の漢字」を考えよう 1

毎年この時期になると，新聞やテレビで取り上げられる「今年の漢字」。クラスでも一人一人が今年の漢字を考えました。さぁ，３組の今年の漢字は何になるのでしょうか？

2013年 輪	2014年 税	2015年 安	2016年 金	2017年 北
2018年 ？	2018年クラスの今年の漢字は？？			

【今年の漢字】
5位 … 学
4位 … 楽
3位 … 心
2位 … 仲
1位 … 友

3組の今年の漢字ランキングは，左の通りになりました。3位の「心」は，二分の一成人式に向けて今，学習をしている『心の花をさかせよう』の歌の影響もあるようです。1位の「友」は，10人以上がこの漢字を選んでいました。

△先生たちも職員会議で
今年1年間の堀江の漢字を考えました。
先生たちの今年の漢字ランキングは，
教室で発表します!!

★おまけ★
【先生の流行語】
5位 … 二分の一成人式があるから
4位 … タブレット取ってきて
3位 … この給食おいしいなぁ
2位 … 明日の宿題は「早寝・早起き・朝ドッジ」です!!
1位 … 字は心を映す鏡です。丁寧に…

ランキングを発表すると，クラスは大盛り上がりでした。4位の「タブレット取ってきて」は，よく授業でタブレットを使うので，知らず知らずのうちに私が言っているようです。（私自身もこれは予想していませんでした…）

33 注目！110番の家マップ

2年

1 安全に対する意識を高める

本校では，年度当初に「110番の家巡り」と題して，保護者の方と一緒に近くの110番の家やお店を確かめる活動をしています。確認した直後は，子供達も登下校中に（何かあったらここに助けを求めよう）という意識が高くなります。しかし，子供によっては，時が過ぎ，日がたつにつれてその意識は少しずつ低下することが予想されます。通信には，日々の子供達の学習や生活の様子を載せることが主ですが，定期的にこのような安全に対する意識を高める内容も学習と関連させて載せるようにしましょう。保護者の方も，この記事を読んで改めて子供と一緒に110番の家を確かめるきっかけになるかもしれません。安全に対する内容は，あらゆる手段を通して継続的に啓発することが必要です。

まとめ

➡ 安全に対する内容は，定期的に通信に載せて子供達も保護者の方にも啓発しよう

《通信作成のヒント》実物紹介 ⑦ ～ 時にインパクトのあるレイアウトを② ～

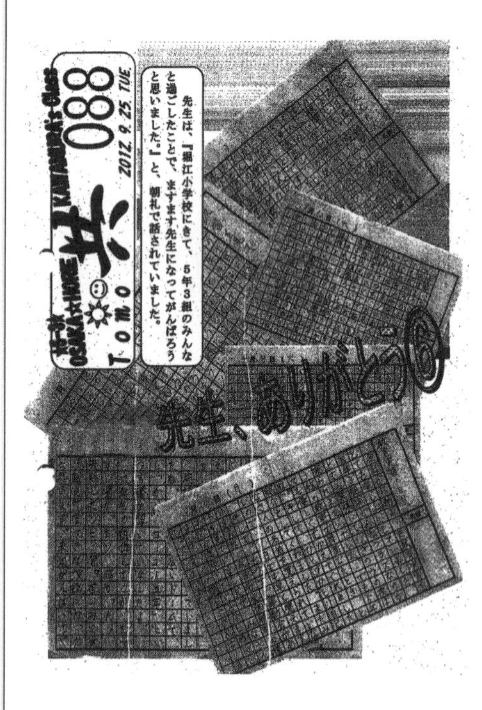

いつも同じようなレイアウトで通信を発行していると，どうしても少しずつ保護者の関心も薄れてきてしまいます。時に，写真や原稿をふんだんに使ったレイアウトで伝えたいメッセージを載せるのもいいですね。

smiley（スマイリー） W（ダブル） ピース no. 33

2年2組学級通信
校長 〇〇 〇〇
担任 〇〇 〇〇
平成31年12月15日

情報モラル「みなさんのニュースがかり」

道徳の時間，情報モラルの学習を行いました。

「みなさんのニュースがかり（H23.3 文部科学省，小学校，道徳読み物資料）」は，クラスのニュース係のお友達が学級新聞を頑張って作りましたが，情報が間違っていて，傷つくお友達がいました。そこで，もう一度新聞を作り直し，クラスのみなさんから認められたというお話です。

新聞，作品等教室や廊下に掲示しているものは，情報の一部であり，たくさんの人が見るものです。この学習で間違った情報を掲載された当事者は，大変傷つくことや正しい情報を伝えることの大切さに気づいたようです。クラスの子供達は，学級の係活動や当番活動に一生けんめい取り組んでいます。「みなさんに喜んでもらいたい！」「みなさんのために頑張る！」という気持ちもこの学習で確かめることができました。

今日の学習で改めて考えたことは「新聞係や色々な係になったら，誰も傷つけることなく楽しく・正しい新聞を作らなくてはいけない」ということです。３学期に新聞係になったらみなさんが喜ぶような内容を書くようにしたいです。

今年中に頑張りたいこと

今年も残り２週間となりました。４月から子供達はたくさんのことを学び，たくさんのことに挑戦してきました。できるようになったことはたくさんあります。そしてやる気いっぱいの子供達はまだまだ頑張りたいこともたくさんあります。そこで，今日は子供達が２年生になってから頑張ったことと，今年中に頑張りたいことを紹介します。

- 習った漢字が完璧に書けるようにしたいです。（塩根さん）
- 九九をスラスラ言えるように頑張ります。（中辻さん）
- なるべく忘れ物をしないように頑張ります。（本山さん）
- 今まであまり発表していなかったけど，毎日１回発表します。（川西さん）
- 丁寧に字を書くように頑張りたいです。（川村さん）
- 給食をごちそうさままでに食べられるように頑張りたいです。（森さん）
- 先生やお母さんに毎日ほめられるようにお手伝いを頑張ります。（川瀬さん）
- 縄跳びの二重跳びを３回できるようになりたいです。（浦部さん）
- スイミングで３級になるようにクロールを頑張ります。（井上さん）

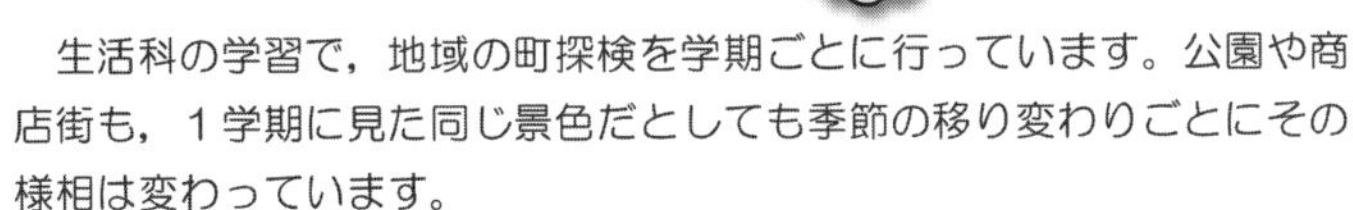

生活科の学習で，地域の町探検を学期ごとに行っています。公園や商店街も，１学期に見た同じ景色だとしても季節の移り変わりごとにその様相は変わっています。

今回は，これまでとは少し違った視点から町探検を行いました。それは，地域の110番の家を確かめることです。校区内にはたくさんの110番の家やお店があります。「私の家の近くにもこんなにたくさんあったんだ」「いつもの通学路にも110番の家やお店があると気がつきました」という子供達の声。来週は，自分の家の近くの110番の家に「いつも私達を見守ってください，ありがとうございます」と保護者の方とあいさつに行く活動を予定します。詳細は，別紙にて後日お知らせします。保護者の方とも，是非，一度校区内のどこに110番の家があるのかを子供達と一緒にご確認ください。

34 笑顔・工夫いっぱいのお楽しみ会 1年

1 お楽しみ会の様子は，次回予告も載せる

右の通信は，お楽しみ会の様子を載せているものです。子供達は，学校でも家でも通信を読みながら「そうそう，奥長さんが間違いさがしを全部見つけたんだよね」「けん玉大会は，僕が優勝したんだよ」と前回のお楽しみ会の様子に会話の花を咲かせることでしょう。加えて，「なっ!! なんと！！」のところのように，次回の予告も載せることで子供達は（今度も楽しいことを考えたいな）（早速，次の休み時間から準備をしよう）とワクワクしながら準備を友達と進めることでしょう。通信は，子供の活動への意欲付けに非常に効果的です。

挑

大阪市立墨江小学校　4年3組　学級通信　発行者　川村幸久
2011年　10月11日 (火) NO. 52

【この通信は、ファイルにとじておいてください】

運動会　大成功記念パーティー

★運動会の練習を一生懸命がんばったので、先週の木曜日に「運動会大成功記念パーティー」を行いました。というのも、運動会の練習期間の9月は、ほとんど係の活動ができていなかったので係のメンバーで考えることにしました。
内容を決める条件は、一つ。『運動会のことを少し入れる』ということを条件に考えることにしました。
司会は、　さん、　さん。
写真担当は、　さん。
音響は、　さん。
タイムキーパーは、　さんでした。最後は、もちろんONEをおどりました。

まとめ

➡ 保護者の方と子供達が家で学校での楽しい話ができる題材を発信しよう

コラム⑥ 子供達の作文を載せる時は①
～「学級通信」は目的ではなく，手段である ～

ダメ×「私は学級通信を毎日出しています」，ダメ×「私は学級通信の作成に３時間かけています」

学級通信は，クラスの教育活動について保護者の理解を得るとともに，クラスの教育活動へ保護者の方の参与を促し，先生と保護者の方とが協働して子供の成長を図るために発行します。ですから発行する以上は学級通信の中身がしっかりしたものでなければなりません。

しかし，「毎日」発行することに固執したり，「作成に３時間」等と作成することだけに過度に時間をかけたりする必要はないと考えます。その学級通信の作成時間を短くして教材研究に充て，自己の指導力向上を図り，子供に直接指導する方がよほど効果的です。子供が学校で最も成長するのは，学校生活の大半を占める授業の時間だからです。これまで過度に長く作成にかかっていた時間を短縮するだけで，教育書の一冊は十分読めます。その一冊の教育書について次の日授業実践すれば，よほど子供が成長するでしょう。

学級通信は子供の成長のための１つの手段です。学級通信を発行することだけが目的となって作成に時間を費やすくらいであれば，教材研究に時間を費やす方が子供の成長にとっては有益です。

1年6組学級通信
校長 〇〇 〇〇
担任 〇〇 〇〇
平成31年12月20日

笑顔・工夫いっぱいのお楽しみ会 1

先月のお楽しみ会は教室の中で各グループの出し物とけん玉大会を行い，運動場でドッジボールを楽しみました。

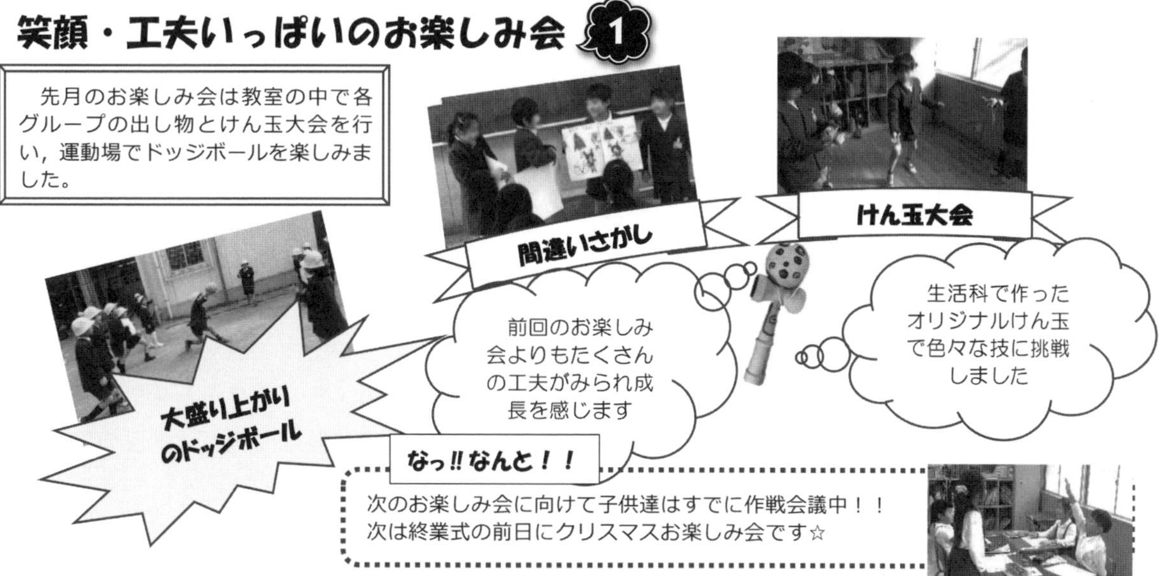

間違いさがし
けん玉大会
大盛り上がりのドッジボール
前回のお楽しみ会よりもたくさんの工夫がみられ成長を感じます
生活科で作ったオリジナルけん玉で色々な技に挑戦しました

なっ!!なんと！！

次のお楽しみ会に向けて子供達はすでに作戦会議中！！
次は終業式の前日にクリスマスお楽しみ会です☆

子供達の成長を振り返って

4 月に入学してきた子供達も，すっかりお兄さん，お姉さんらしくなってきました。今回は「こんなことができるよ」をまとめました。3 学期以降も子供達の「こんなことができるよ」を増やしていきたいと思います。4月から今まで，保護者の皆様にはご理解とご協力をいただき，本当にありがとうございました。よいお年をお迎えください。

- ○ 自分から「おはようございます」のあいさつができます。
- ○ 先生がいなくても，朝学習と朝読書を静かに始めることができます。
- ○ 授業中は黒板の前まで出てきて，みなさんに説明をすることができます。
- ○ 友達が泣いていると優しく寄り添うことができます。
- ○ 自分の制作した作品や，自分の得意技を進んで発表することができます。
- ○ 終わりの会のハナマルタイムで，自分が頑張ったことや友達のよいところを発表することができます。
- ○ 友達に「頑張れ！」「ドンマイ！」と励ましの声掛けをすることができます。

掲示物に想いをこめて…

国語では「言い伝えられているお話を読もう」の学習をしました。日本のお話だけではなく，外国のお話も読み広げています。リクエストがあり，イソップ物語「アリとキリギリス」を読みました。アリは今できることをコツコツとやっていて困らなかったのですね。

みなさんはどうですか？　2 学期が終わる頃に「頑張れた 2 学期だった!!」って思えますか。冬休みまであと少し。楽しい冬休みを迎えるためにも今できることを頑張ろうね。と，こんなやりとりの中で，次の図工の時間には，コツコツ頑張る冬でも楽しく過ごすことができるアリさんの掲示物を作りました。

※この掲示物がこの時期教室に飾ってあることで，どんな効果があるのかを考えたいです。“子供にとって旬”であることが大事です。今回のアリは，「そうそう，コツコツが大事！」という感じで，絵で見るめあてのようになったらいいなと思います

35 卒業に向けて ～さあ，ラストスパートだ～

6年

1 通信を基に，学級で話し合おう

通信のよさは先生の考えや指導方針を子供達や保護者の方に的確に伝えることができるということです。私は，これまで高学年を担任することが多かったのですが，よく通信を読んで自分の考えを書いていくことを宿題にしました。右の通信のように「残りの小学校生活はどのように過ごしたいのか」「自分は今，学校に何ができるのか」等，子供が宿題で考えてきたことをまた，通信に載せてクラスで交流するようにします。更に，先生の考えを伝えるようにします。Aさんが書いてきた内容を基にして，Bさんが自分の考えを述べる。そして，また，Cさんも２人の考えを聞いた感想を述べる…というような学級誌面討論会が始まります。子供達の心の成長を促すことができます。

下の２つの通信は，５年生のクラスで４月と５月に発行したものです。担任をもった当初から，礼儀や規律等「日々の生活で大切にしたいこと」を担任の考えを交えながら発信することで，少しずつ子供達の行動に変化が見られるようになります。その時は，先生は満面の笑みを浮かべて，直接子供達を褒めることができます。

★5-3★ OSAKA☆HORIE KAWAMURA's Class

Tomo 共 021

2012. 4. 23. MON.

日常生活を振り返る

新学期、５年生が始まって、２週間がたちました。

先週水曜日、環境委員の６年生が５年３組の掃除について評価してくれました。その評価カードの紙をみると、

もう少し、ぞうきんをきちんとかけましょう。

と書かれていました。もちろん、ぐちゃぐちゃにかかっていたわけではありませんでした。１、２枚かがいい加減にかかっていたようです。

ただが、ぞうきん１枚ととらえれば、簡単に済ませれることですが、次の日にみんなに話をしました。環境委員会の人たちから、『ぞうきんをきちんとかけましょう。』と連絡を受けました。ただが、ぞうきん１枚ですが、私はよくないことだと思います。

★5-3★ OSAKA☆HORIE KAWAMURA's Class

Tomo 共 032

2012. 5. 14. MON.

私は、期待しています

★私は、３組のみなさんにとても期待しています。

先週の金曜日に話をしたことをもう一度、一人ひとりが考えて欲しいです。

- 委員会活動は、学校のためみんなのためにきちんと行えているのか。
- 給食を食べる時、時間の配分を考えて食べることができているのか。
- 先生がいない時、理科の時間で移動する時、静かに廊下を並べているのか。
- 体育の時間、すばやく集合・移動ができているのか。
- よいことと、悪いことの判断をし、見ている周りの友達がきちんと注意できているのか。

みなさんが毎日、一生懸命頑張っていることはよくわかります。しかし、このままでは、今まででよりよいクラスには進んで行きません。５年生になって、４月は一生懸命がんばっていた委員会活動も、わずか１ヶ月でもうできていない人もいます。

このままでいいのでしょうか。

このままの意識で生活をしていけば、いじめの起きるクラスになるかもしれない、落ち着いて学習できるクラスにはならないと思います。

もう少し、自分で考え行動できる自立したクラスになって欲しい。

一人ひとりの意識を５年生の意識に、高学年としての意識に変えていかなくてはいけない。学級目標の一文にある、団結するってどういうことか、もう一度考えなくてはいけないと思います。

絆・やさしい心
友だちを思いやり，団結するクラス

まとめ

➡ 担任の先生の子供達への思いや考えを通信で発信しよう

➡ 通信に子供達の考えも載せて，クラスで交流しよう

6年1組学級通信
校長 ○○ ○○
担任 ○○ ○○
平成32年1月7日

卒業に向けて ～さぁ，ラストスパートだ～

△全校児童で校歌を歌うのも
今日で最後になりましたね

小学校生活最後の3学期が始まります。始業式を終え，今，みなさんはどのような気持ちでしょうか？ 「早く中学校へ行きたいな」という気持ちの子もいれば「小学校を卒業したくない」と思う子もいることでしょう。

小学校に来てクラス全員で一緒に過ごすことができるのは，残り52回です。

- **この52回をみなさんはどのように過ごしたいですか？**
- **この52回を6年間過ごした堀江小学校に何を残しますか？**

このことを少し考えて欲しいと思います。今日の自学ノートには，この2点について自分の考えを書いてくるようにしましょう。そして，クラス全体でも交流したいと思います。

試行錯誤‼ロボットプログラミングに挑戦‼

平成32年度から実施される新学習指導要領には，プログラミング学習の実施が示されています。本学級でもロボットを使ったプログラミングに挑戦してみました！

まずはコースにそってロボットを走らせるプログラムにチャレンジ！ 途中でコースは曲がっているので，そう簡単にはいきません。曲がるまでにどれくらいまっすぐ走らせればよいのか，曲がる時はどれくらいの角度で曲がればよいのか…。失敗してはまた調整，失敗してはまたまた調整，グループで協力し，相談しながら試行錯誤の繰り返しです。なかなかうまくいかないことの連続なのに，子供達の顔はなぜか生き生きとしています。

△友達と相談して
試行錯誤することが楽しい‼

一番早くクリアしたグループは，宮本さん，梶原さん，奥長さんのグループでした！ ゴールゾーンでピタッと止まったロボットを見てクラスのみなさんからは大歓声！ このグループのプログラム画面を見せてもらい，自分達のグループと比べて，どこが同じで何が違うのか，グループで相談しながら，またまた新しいチャレンジのスタートです。そうこうするうちに，色々なグループからゴール達成の歓声があがりはじめました。クラスのみなで共に学び合える，とても素敵な学習になりました。

体ポカポカ 心ポカポカ ～2学期最後の体育の学習～

2学期最後の体育の学習は，体つくり運動領域の体ほぐしの運動を行いました。この学習では，以下の2点を特に大切に授業を行いました。3学期もこれまでの体育の授業と同様に，友達との関わりがたくさん生まれる楽しい体育の学習をしていきたいと考えています。

①運動を通して，友達とたくさん関わり合うこと
②運動を通して，自分の心の変化に気づくこと

△あんたがたどこさの歌に合わせて
リズムよく跳ぶことができるかな

◁どの領域の学習においても，5つのポイントを大切にして授業を進めています。

36 3学期スタート！

3年

1 新年のはじめの通信は，前向きな気持ちを養おう

4年3組 学級通信
発行者 川村幸久 2011年 9月20日 (火) NO. 36

2学期のめあて

「よぉし，今日からまた頑張るぞ」と，新年最初の学級通信には子供達が前向きな気持ちになることができるような文章から始めるようにしましょう。どんな夢も，まず第一歩は夢をもち語ることです。先生が「今年１年はこのような子供に育って欲しい」「このようなクラスにしていきたい」という気持ちを綴るようにしましょう。通信には，子供達を前向きにする力があります。また，新年最初ですので，子供達が立てた「新年（もしくは３学期）のめあて」を全員分紹介して，夢や目標をクラスで共有しましょう。

2 「インプットする」から「アウトプットする」へ

以前，教育誌に「担任ができる健康観察」というテーマで，１年間連載原稿の監修をさせていただいた時があります。その原稿は，養護教諭が書いてくださっていたのですが，怪我の対処法や予防の仕方等，子供達の一番近くにいる担任の私自身が知らないことが多くて（このままではいけない，もっと勉強しないと）と痛感し，反省したことを覚えています。

保健に関する知識に限らず，様々なジャンルのことでも新聞・雑誌・書籍等から先生自身がインプットして学び，その学びを通信に載せて発信するようにする。そのサイクルは，今後の先生自身の教師としての知識の貯金となります。インプットするだけではなく，子供達や保護者の方に発信することで更に，自分の知識も整理されていきます。もちろん，目の前の子供達や保護者の方にも知識を伝えることで意識を変えるきっかけにもなります。

まとめ

- ➡ 新年や新学期の通信は，まず最初に先生自身の想いを伝えて，子供が前向きな気持ちをもつことができるような通信にしよう
- ➡ インプットしたことを，通信に整理し直して子供達や保護者にアウトプットしよう

3年5組学級通信
校長 ○○ ○○
担任 ○○ ○○
平成32年1月8日

3学期スタート！ 1

いよいよ今日から3学期が始まります。冬休みの間は静かだった教室にも，子供達の元気な声が帰ってきて，私もいっそう気持ちが引き締まりました。始業式を終え，教室で子供達の冬休みの思い出や，頑張ったこと等についてたくさん話を聞きました。そこで，私からは子供達に3学期の過ごし方について話しました。

3学期は1年の中でも一番短いので，あっという間に過ぎてしまいます。そのため子供達には，一日一日を大切にして過ごして欲しいと願っています。特に子供達に意識して欲しいと伝えたことが，「3学期は4年生への準備だよ」ということです。もちろん3学期にもそれぞれの教科で新しく学習することもあります。体験学習等の行事もあり，3年生の総仕上げという大切な期間でもあります。

子供達は4月から 4 年生に上がります。4年生というと，6年間の小学校生活の折り返し地点にもなります。クラブ活動等の新しい学習も始まりますし，縦割り班活動でも上級生として下の子たちをリードする役割へと変わっていきます。自分や周りの仲のいい友達とだけではなく，下級生や周りのことも気に掛けるという責任も増えていきます。

もちろん子供達に「責任感をもちましょう」と言ってもなかなか理解できないでしょうから，そのような言葉では伝えませんでした。まずは「自分の身の回りのことをきちんとすること」から始めて欲しいと思います。日々の宿題，持ち物，時間割等，当たり前のことがまだ完璧にできる子は多くありません。自分のことができていなければ，周りの仲間に手を差し伸べてあげることもなかなかできません。

この3学期は，まず自分の普段の生活を見直して，気持ちよく4年生へと進んでいけるような土台をしっかりと固めて欲しいと思います。

保健室より～睡眠・食事・運動！抵抗力アップ風邪予防～ 

3学期が始まってすぐに発育測定がありました。「身長は伸びたかな」「体重は増えたかな」と子供達も測定結果に興味津々です。発育測定後に保健室の先生から「寒さに負けない強い体を作るために」ということでお話がありました。寒さに負けない強い体を作るためのキーワードは『抵抗力をあげる』ことだそうです。

『抵抗力をあげる』ための3つのポイント

①十分な睡眠をとる
○体をしっかり休めることで，自分のもっている力を十分に発揮することができます。
○しっかりと寝ることで，体力の回復や脳を休める等，色々とよいことがあります。
○子供の成長に睡眠は欠かせません。夜9時過ぎには寝て，10時間ぐらいの睡眠時間を確保できるような生活リズムを作ってあげてください。

②きちんと食事をとる
○基本は朝・昼・夜と規則正しく，しっかりと食事をとることが大切です。
その中でも，特に朝ごはんをきちんと食べることが大事だそうです。

朝ごはんを食べる→胃が起きる→内臓が動き出す→体の温度が上がる

この，体の温度を高くすることこそが抵抗力を上げるポイントだそうです。
抵抗力をあげるためにも，朝ごはんをしっかりと食べる習慣を心掛けて欲しいと思います。

③たくさん体を動かす
○丈夫な体をつくるには，外で体を動かさなければいけません。

外で元気よく遊ぶ→筋肉がつく→筋肉量が多いと体が温かくなり，抵抗力が上がる

筋肉がつくことも，抵抗力を上げるポイントだそうです。

豆知識！～胃酸の働きを利用して～

風邪の予防法と言えば，手洗い・うがいです。同時に『休み時間ごとにお茶を飲む』ということも習慣づけて欲しいです。コップに半分程度の水かお茶を飲むことによって，のどについたウイルスが胃に流れます。胃に流されたウイルスは胃酸によってその働きが弱まるといわれています。あまりのどが乾かないこの時期ですが，水筒には十分なお茶を入れて子供達にもたせてください。

37 二分の一成人式までの軌跡

4年

1 大きな行事，その裏側にある軌跡を伝える

4年生でのビッグイベントである「二分の一成人式」を実施している学校は多いでしょう。私が知る限り，本校でも4年生は10年以上前からこの時期の学習参観の定番になっています。参観当日は，保護者の方に向けての想いを話したり，合奏・合唱・リコーダー奏を行ったりします。しかし，保護者の方にはその当日の子供達の発表会での様子しか見えません。通信で当日に至るまでの様子を紹介することで，より当日の子供達の様子を感慨深く見てくれることでしょう。

1つの行事に対する通信の流れ

① 行事に向かって取り組む子供達の様子を発信
② 行事当日の様子を発信
③ 行事を終えて，子供達の感想を発信
④ 保護者の方の感想を発信

まとめ

➡ 行事の様子だけではなく，当日に至るまでの様子を発信しよう

効率よく通信を発行する“とっておき”の時短ワザ⑤

～ 学校用にカメラを用意する ～

最近のデジカメは，wi-fi 機能を搭載しているものが多くあります。私の今使っているカメラには，wi-fi 環境下にあるとボタンを1つクリックするだけでクラウド上に撮った写真が送られてすぐにパソコンでも見ることができるようになります。ひと昔前は，撮った写真を SD カードでパソコンに抜き出し，そこから通信に貼り付けるという作業をしていましたが，今ではその手間を省くことができています。最新の電化製品をチェックして試してみるのも時間短縮には必要なことかもしれません。

4年3組学級通信
校長 〇〇 〇〇
担任 〇〇 〇〇
平成32年1月14日

震災から２４年 〜災害に備えて〜

1月17日で，阪神・淡路大震災から24年が経ちます。最近では，東日本大震災（2011年）や熊本地震（2016年），北海道胆振東部地震（2018年）があり，防災に対して強く意識するようになったのではないでしょうか。

４年生では，社会科で自然災害の学習をしました。安全な暮らしを守るために，消防署や警察署だけでなく，地域に暮らすみなさんの支え合いも重要だということが分かりました。また，日頃から，自然災害に備えて，どう行動するとよいのか，家族で話し合うことも大切です。これを機会に，避難経路や防災グッズの確認をしてみてはいかがでしょうか。いざという時に，自分の命，家族の命を守るために。

二分の一成人式までの軌跡 1

２学期から歌の練習やリコーダー，発表の練習を各クラスで始めました。
２学期後半になると学年みなさん揃っての練習が始まりました。みなさんで協力することにも意識が高まってきたころです。
３学期には，役割に分かれて飾りを作ったり看板を作ったり司会の台詞を考えたりしました。
本番はこれまで頑張ってきたことに加え，更に気持ちを込めて発表し，みなさんキラキラ輝いていました。一回りも二回りも成長した４年生！残りの１か月半，５年生に向けて更なる成長を期待しています。
本番

学級活動の時間〜３学期にしたいこと〜

私の例

あと２ヶ月でしたいこと
☆とくいをのばそう

計算をもっと早くできるようになりたいです。

ねぎを食べられるようになりたいです。

アドバイス
計算は毎日練習するといいね。

アンケート例

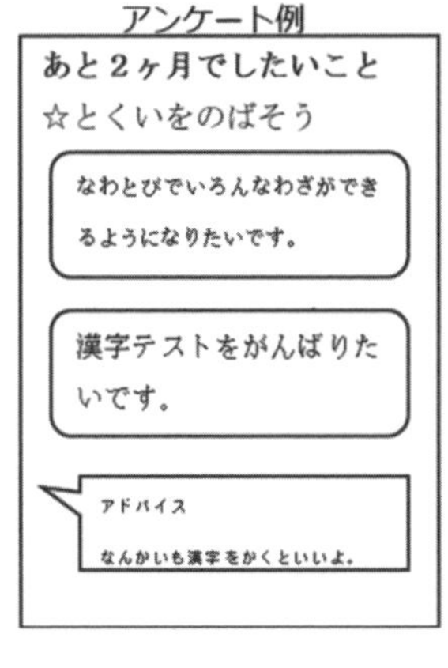
あと２ヶ月でしたいこと
☆とくいをのばそう

なわとびでいろんなわざができるようになりたいです。

漢字テストをがんばりたいです。

アドバイス
なんかいも漢字をかくといいよ。

学級活動の時間に「３学期にしたいこと」アンケートを実施しました。はじめに恥ずかしながら，私の例を挙げて,みなさんが書けるイメージをもたせました。また，名前を書かなくてよいことにして素直な思いを書けるようにしました。

目標を「得意を伸ばすこと」と「苦手を克服すること」に分け，考える時間を十分確保しました。書いたものを集めてシャッフルして配り，誰かの目標にアドバイスを送るようメッセージを書き込むようにしました。「これ誰の？」「私と一緒の目標だ」等，声をあげながら，真剣にアドバイスを考えていました。次回の学習参観で掲示していますのでご覧ください。

38 急募!! お持ちの方はいらっしゃいませんか??

3年

1 保護者の方にも授業の協力を求める

右の通信では，「ローラー式洗濯機」をこれまでに使ったことのある方を探している旨を呼びかけています。社会の学習では，特にどのような資料を用意するのかが子供達の思考を深める上で非常に重要です。何から何まで保護者の方に協力を求めるのはよくないですが，こういったことを呼びかけることで，ひょっとしたら先生の意図する授業に役立つ資料が見つかるかもしれません。

まとめ

➡ 保護者の方に協力をお願いしたいことを通信で呼びかけよう

《通信作成のヒント》実物紹介 ⑧　～ 時にインパクトのあるレイアウトを③ ～

普段は，A4用紙かB5用紙裏表で通信を出していることが多かったのですが，この時は全員分の作文をたくさん載せたかったので，B4用紙裏表にしています。こうすれば，1枚の通信に8人分の作文を載せることができます。

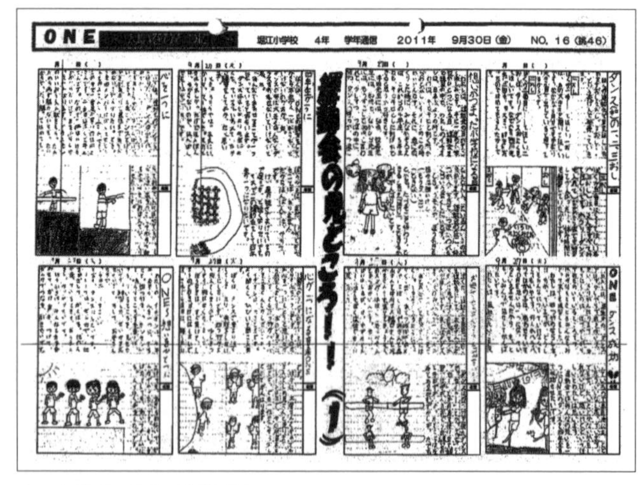

ONE　堀江小学校　4年　学年通信　2011年　9月30日（金）　NO. 16（通46）

ONE

大阪市立堀江小学校　4年　学年通信

2011年　9月20日（火）　NO. 8（通38）

【この通信は、ファイルにとじておいてください】

みんなと心も動きもそろえること

（気持ちが一つになれば、動きもそろう）

振り付けを覚えようとすると、移動のことを忘れてしまっていて、移動のことばかり考えていると、振り付けを忘れてしまっているので、そこを気をつけていきたいです。これから、雨の日も多くなるそうなので、1回1回の練習時間を大事に使って、きっちり練習していきたいです。（　）

今日のダンスで、みんなの心が一つになってきているのがわかりました。みんなが「しんどいのは、自分だけではない」と、思っていると感じました。ぼくもみんなのように、「しんどいのは自分だけじゃない」と思えるようになりたいです。（　）

今日は、隊形移動をしました。最後の隊形移動が難しかったです。でも、難しいのはみんな同じです。それを思うと、より頑張れました。だから、運動会当日は、すごく頑張れると思います。（　）

いっぱい隊形移動があるから、あんまりわかりませんでした。でも、できるように練習します。（　）

隊形移動がすべて覚えることができるか、不安でした。当日で、全力でダンスをして、たくさん拍手をもらいたいです。（　）

左足の親指の皮がめくれていて、痛かったです。そして、いっぱい練習している成果だと思います。（　）

自分で考えて踊ろうと思います。新しくならった所が、一番決めるところだと思いました。（　）

さんの動きが、力強くて、かっこよかったです。ぼくも力強く踊りたいです。（　）

ここまでのできを、22日（木）に　先生に見ていただこうと思います。
昨年お世話になった先生に、成長した姿を見せれるように練習しよう！

この学級通信は，B4用紙の左半分をタイトルと大きな写真で占めています。運動会の団体演技に向けての学習をしている場面です。先生と子供達の一体感がとても伝わるお気に入りの通信の1枚です。

笑っていい旅

やっぱりno.38
5組が大好き！

3年5組学級通信
校長　○○　○○
担任　○○　○○
平成32年1月23日

作品展の絵から，昆虫がとびだした！！

2学期の作品展で，3年生は昆虫の絵を描き，そこに自分が乗っている様子を楽しげに表現しました。保護者の方からも「子供達の創造力がいきいきと表現されていて素晴らしかった」と，とても好評でした。そんな昆虫が，なんと今回，絵から飛び出して旅を始めました!!

え!?　どうやってそんなことができるの??　実は，できるのです。まず，自分の描いた昆虫の絵をカメラ機能を使って撮影し，それを形に合わせて切り取ります。そして，昆虫とどんな旅がしたいのかを想像し，その場所で写真を撮影し背景にします。

さあ，いよいよ昆虫に動きをつけます。プログラミングのソフトであるスクラッチジュニアを使いました。「はねる」「とぶ」「回転する」等，様々な動きを昆虫にプログラムしていきます。1 人ではなかなか難しいので，同じ動きをさせたいと考える仲間で集まり，協力しながら一緒に考えて課題を解決していきます。初めはなかなか思うように動かすことができませんでしたが，友達と相談しながら試行錯誤し，少しずつ自分の思いを具現化していく姿が見られるようになりました。校庭の木の周りを楽しげに飛ぶ様子や葉っぱのすき間をちょこちょこと進む様子等，絵から飛び出した昆虫の楽しげな様子が表現されていました。

洗濯板とたらいで洗濯！！

今，社会では「昔の道具と人々の暮らし」の学習をしています。地域の塩根さんから「60年前にどんな1日を過ごしていたのか」について教えていただきました。そこで，子供達は「洗濯の時間がとても長い！」ということに気づきました。当時は洗濯板とたらいで洗濯していたのだそうですが，「なぜそんなに時間がかかるのか」，それを知るために「洗濯板とたらいで体操服を洗濯する」という体験活動を行いました。

体験が始まると，その大変さに早速気がついたようです。「水が冷たい！」この季節ということもあり，まず子供達は，ずっと水につけていることの大変さに気づいたようです。「これを何枚もってなると時間がかかるなぁ」「あれ干したら水が垂れてくるぞ。ちゃんと絞らないと」塩根さんにもやり方を教えてもらいながら，何とか体験を終えました。

教室で活動を振り返りながらまとめていくと「洗濯には『洗う』，『絞る』，『乾かす』という工程があって，それを全部手作業でしていたから時間がかかっていたんだ」ということが分かりました。でも，「汚れがよくとれた」や「汚れているところを集中的に洗うことができていい」等，洗濯板とたらいで洗うよさについても気づいている子がいました。

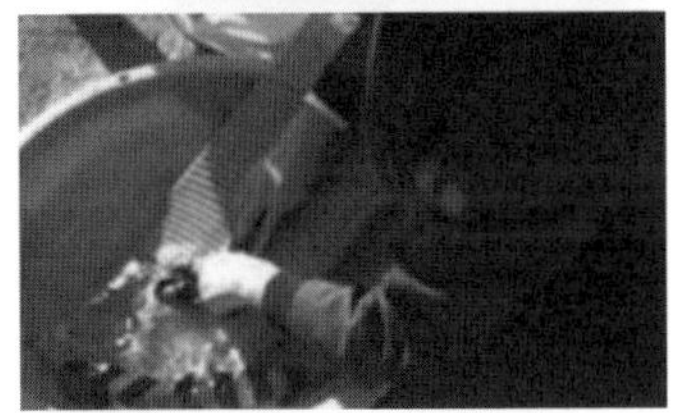

「洗濯機っていつできたの？」と言っている子がいましたので「お家の人が子供の頃はどうやって洗濯していたのか聞いておいで」と言いました。「保護者の方が子供の頃の洗濯の道具や仕方，また今の洗濯機になるまでどんな洗濯機があったのか」等について，子供達がお聞きすると思いますのでご協力いただけたらと思います。また「どんなことをして遊んだか。どんな遊び道具があったか」等，子供の頃の1日についてもお話いただけると，子供達は人々の暮らしの移り変わりについて更に学びを深めることができるので，よろしくお願い致します。

急募!!お持ちの方はいらっしゃいませんか？？

「ローラー式洗濯機」を実際にお使いになっていた方，今も持っていますよという方はいらっしゃらないでしょうか？いくつかお聞きしたいことがあります。もしおられましたら，ご連絡をいただければ幸いです。

39 ドキドキの乗り物体験

2年

校外学習は，行程も説明する

通信では，遠足や社会科見学等の校外学習の様子を保護者の方に紹介するようにします。その時には，どの行程で子供達が移動したのかについての詳細を載せておくことで，保護者の方がその活動の様子を紙面から更に感じ取ることができます。

行程は，できれば遠足や社会科見学に行く前にも通信で紹介しておくとよいでしょう。遠足や社会科見学当日に，子供が「自分達はどの駅で降りて，移動し，目的地に行くのか」を理解させておくことは，安全面においても大切なことです。行先も理解せず，ただ単に前の友達に流されるがままに着いていくことほど危険なことはありません。

まとめ

➡ 校外学習は，通信でその行程を保護者の方にも子供達にも伝えて確認しよう

コラム⑦ 子供達の作文を載せる時は②

たとえ1年生であっても，子供達の作文を通信に載せる時には，ある程度，常用漢字に変換するようにしています。「学年に合わせて習った漢字を使う」という考えもあるかもしれませんが，私のクラスの通信は，子供達にも読んでもらいたい内容の場合は，教室で先生が読み聞かせるようにしているので「習っていない漢字があるので読むことができない」ということにはならないからです。保護者が家で読む時「きょうは，　たのしいことが　たくさん　ありました」という表記より「今日は，楽しいことがたくさんありました」と書いている方が私は読みやすいと考えているからです。必ずこうしなくてはいけないというきまりはないので，学校や学級の実態に応じて表記を考えるようにしましょう。

はっけん　自分のよいところ

今、生活科の学習では「はっけん　自分のよいところ」という学習を行っています。小学校での２年間を振り返って自分の「できるようになったこと」「大好きになったこと」等を見つけ、友達に伝え合います。子供達はみんなこの学習が大好きで、熱心に自分のよいところを絵や作文にしてまとめています。子供達の書く文章を見ていて気づいたことは子供達は「自分のよいところ」だけでなく、それを一緒に作ってくれた友達や家族のことについて書いている子多いことです。これは、川瀬さんの作文です。

私は、これまでは縄跳びがあまり好きではありませんでした。何回やってもいつも引っかかるし、友達と競争しても負けるし、楽しくありませんでした。でも、ゆいちゃんが「縄が地面についた時に跳ぶんやで」と教えてくれて、一緒練習しているうちに、跳べるようになりました。今は、ゆいちゃんと一緒に縄跳びをするのが大好きになりました。

子供達にはまだまだ上手にできないことや、苦手なことがたくさんあります。しかし、このように友達や家族といっしょに、何かを乗り越えていくことは、きっと子供達にとって素晴らしい宝物となるのでしょう。この学習を通して、自分のよさはもちろん、周りで支えてくれている人たちとのつながりの大切さにも気づくことができたように感じます。

smiley（スマイリー）W（ダブル）ピース no.39

2年2組学級通信
校長 〇〇 〇〇
担任 〇〇 〇〇
平成32年1月28日

ドキドキの乗り物体験 

生活科の学習として，乗り物体験をしました。自分で切符を買い，電車に乗って目的の駅まで自分達で行きます。事前の学習として，駅員さんに出前授業をお願いしました。駅員さんからは，電車の正しい利用方法を教えていただきました。切符の買い方や乗車マナーを学習し，最後にクイズを通して正しい利用方法を復習しました。子供達は，乗り物体験が楽しみだという気持ちが高まったとともに，楽しく電車の使い方を学習することができました。

そして，乗り物体験の日，一駅分の電車賃を財布に入れて出発しました。お金を入れて券売機で切符を買う子供達は，とても緊張していました。無事に買えるとほっとした様子でした。電車では，駅員さんのお話を思い出し，他のお客さんのことを考えて過ごしていました。目的の駅に着き，集合場所に到着すると「ドキドキしたけど楽しかった！」と笑顔で話す子供達の姿がありました。実際に体験することで，新しく学んだこともあったのではないでしょうか。

はっけん　自分のよいところ

今，生活科の学習では「はっけん 自分のよいところ」という学習を行っています。小学校での２年間を振り返って自分の「できるようになったこと」「大好きになったこと」等を見つけ，友達に伝え合います。子供達はみなさんこの学習が大好きで，熱心に自分のよいところを絵や作文にしてまとめています。子供達の書く文章を見ていて気づいたことは「自分のよいところ」だけでなく，それを一緒に作ってくれた友達や家族のことについて書いている子が多いことです。これは，川瀬さんの作文です。

> 私は，これまでは縄跳びがあまり好きではありませんでした。何回やってもいつも引っかかるし，友達と競争しても負けるし，楽しくありません。でも，ゆいちゃんが「縄が地面についた時に跳ぶんやで」と教えてくれて，一緒に練習しているうちに，跳べるようになりました。今は，ゆいちゃんと一緒に縄跳びをするのが大好きになりました。

子供達にはまだまだ上手にできないことや，苦手なことがたくさんあります。しかし，このように友達や家族と一緒に，何かを乗り越えていくことは，きっと子供達にとって素晴らしい宝物となるでしょう。この学習を通して，自分のよさはもちろん，周りで支えてくれている人達とのつながりの大切さにも気づくことができたように感じます。

タブレットの使い方に慣れよう

２学期に６年生のお兄さん，お姉さんにタブレットの使い方を教わってから，生活科の学習でカメラ機能を使って学習する機会がありました。３年生へ向けて，もっとタブレットの使い方に慣れるためにタブレットのペン機能を使った間違い探しにチャレンジしました。２つの絵を見比べて，間違いを見つけたらタブレットペンでマーキングします。子供達は，アプリの起動の仕方やマーキングの仕方に慣れ，たくさんの間違いを見つけることができました。

40 ものが「とける」ってどういうこと?

5年

1 他の先生の協力を得て保護者に発信する

子供達一人一人にも得意なことや少し苦手なこともあるように，私達先生にも，それぞれ得手不得手があります。本校には，理科専科の先生を配置していませんが，理科の学習内容に詳しい先生がいます。右の通信には，その先生に教科書で学習する内容以上のことを知識として教えていただいたものを載せています（紙面の都合上，写真やイラストは載せていませんが…）。通信は，担任１人で作成しなくてはいけないという決まりはありません。自分だけでは伝えきれないその分野の魅力は，同僚の協力を得て，保護者の方や子供達に発信していくとよいでしょう。

まとめ

➡ 自分だけの経験や知識ではなく，その分野に詳しい他の先生の力を借りて，子供達にホンモノを伝えよう

学級通信に使いたい“とっておきの〇〇”⑤「書籍」

『子どものこころにジーンとしみる ことわざ・名言2分間メッセージ』／垣内幸太 編著　授業力＆学級づくり研究会 著

朝の会・帰りの会等，学校生活の様々な場面で使うことができる言葉がたくさん収録されています。

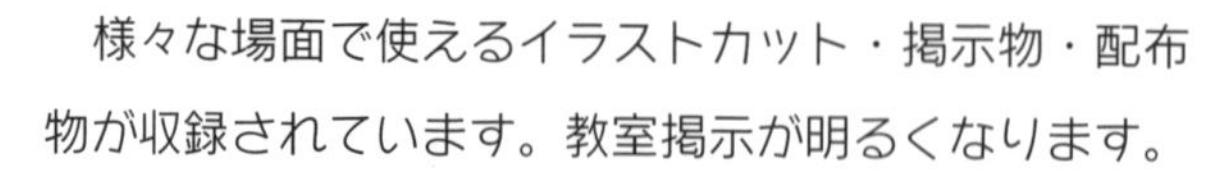

『CD-ROM付き キラキラかわいい！365日のイラストカット・テンプレートBOOK 小学校』／モリジ 著

様々な場面で使えるイラストカット・掲示物・配布物が収録されています。教室掲示が明るくなります。

『Wordでラクラク おたより・学級通信実例＆素材500 小学校低学年編』／和田常明 編

付属CD-ROMに，すぐに使えるWord文書とイラストや飾り文字等の素材が収録されています。中・高学年の通信にも使うことができます。

5年4組学級通信
校長 〇〇 〇〇
担任 〇〇 〇〇
平成32年2月3日

タブレットでつながる社会科の学習

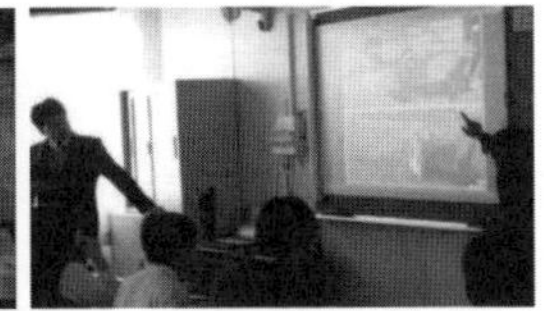
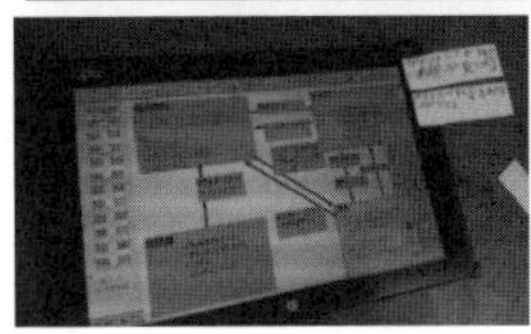

社会科の学習で「医療情報ネットワークはどのようにつながっているのか」について考えました。グループでそれぞれ「総合病院」「診療所」「救急隊」「患者」と役割分担し，自分の担当したところが，どのような役割を担っていて，必要としている情報は何なのかを調べました。自分が調べたことを後からグループの仲間に伝えなくてはいけないので責任重大です！ さあ，いよいよ交流の時間です。自分が調べたことをグループで交流する時，タブレットの画面合体機能を使って，それぞれの調べた内容を共有しました。共有した内容を見ながらグループで話し合います。そして，つながりがあると考えたものには矢印を書き込みました。すると，あれよあれよという間に矢印が増えていきます。医療機関と患者の情報が有効につながっていることで，一人一人の命を救うことや健康な体を守るために大きな役割を果たしていることに気づくことができました。タブレットを有効に活用し，仲間と協力して学習することで，学びが深まることが実感できたことと思います。

ものが「とける」ってどういうこと？ 1

今，理科の学習では「もののとけ方」を学習しています。そもそも「とける」という言葉は様々な意味を含んでいます。例えば子供達が４年生ですでに学習している「とける」は，氷に熱が加わることによって固体から液体に変化する「状態変化」と呼ばれるものです。対して５年生で学習するのは，紅茶に砂糖がとける，液体の中に物質が均一にまじる「溶解」についてです。クラスでは「ものの溶ける量に限りはあるのだろうか」という疑問を解決するために実験を行いましたが，一定量の水に食塩を入れ続けるとだんだん溶けにくくなり，どうしても溶けきれない状態（飽和）となった時，「溶けきれないってことは，水の中に塩が入るマンションみたいなのがあって，それが満室になったのかな」「水の重さはどうなったんだろう」等，様々な気づきや疑問をもち，更に意欲的に学習に取り組もうとしています。生活体験の中ではなかなか試せないものを実験できるのも理科の魅力ですね。

保健室より　～毎日元気に過ごすために～

リズムの整った音楽を聴いていると，心地よい気持ちになりますね。私達の体も音楽と同じでリズムを整えることで毎日元気に過ごすことができます。

●脳や体を休める…脳を休めるためには，ぐっすり眠ることが大切です
●病気と闘う力を強くする…眠っている間に，体の成長や働きに必要なホルモンがたくさん出たり，病気と闘う力を強くします

♪ぐっすり眠るために♪
☆毎日だいたい同じ時刻に寝て，同じ時刻に起きること
☆寝る前は，テレビやパソコンは見ないこと
●脳や体のエネルギーの元…食事をとらないと，脳や体は力を発揮できません
●朝ごはんは「スイッチ」…朝ごはんを食べると，体温が上がって，脳や体がスムーズに動きます

♪バランスのよい食事のために♪
☆１日３回の食事をきちんととること
☆色々なものを食べること
●朝ごはんが刺激に…お腹が刺激されて動きだし，便が出やすくなります
●朝ごはんの後はトイレに…トイレに行きたくなくても，毎日していると，自然にリズムができます

♪「いいウンチ」って？♪
☆楽に，スッキリ出せること
☆少なくても１週間に２～３回出せること

41 絵本の読み聞かせ ～読書好きの子供を育てたい!!～ 1年

1 本の魅力を伝えて，読書に親しむ態度を養う

右の通信の記事を書いた先生は，毎日のように，子供達に絵本の読み聞かせをしていました。そして，読んだ本の作者とタイトルを短冊に書いて教室に掲示していました。継続は力なりというように，１年間で200冊以上の本を読み聞かせてもらった子供達は，ほぼ全員といっていいくらい本が大好きになりました。朝の読書タイムはいつもシーンと静まり返った教室で本を楽しんで読んでいます。気に入った本があれば，一度とならず何度も読み返すようになります。

例えば，１月に読んだ本の中から「もう一度読みたい絵本」を投票してランキング形式で発表するとします。その結果を通信で見た保護者の方が，もしその本に興味をもってくれるようになれば，近くの図書館や書店へ子供達とともに行くかもしれません。国語の学習と関連させながら，通信でも本の魅力を伝え，子供達も保護者の方も親しんでもらうことができます。

まとめ

➡ 読書に親しむ子供達にするために，読み聞かせた本をたくさん紹介しよう

効率よく通信を発行する“とっておき”の時短ワザ ⑥

～ ショートカットキーを多用する ～

コピー（Ctrl + C）やペースト（Ctrl + V）等，学級通信を作成する際によく使う操作は，パソコンに内蔵されているショートカットキーをうまく活用することで，作成時間を大幅に短縮することができます。まずは，簡単なショートカットキーから使ってみてはいかがでしょうか。実際に使ってみると，そのよさを感じることができますよ。

【学級通信作成でよく使うショートカットキー】

コピー（Ctrl + C）	・文字のフォント拡大（Ctrl +]）
貼り付け（Ctrl + V）	・文字のフォント縮小（Ctrl + [）
全選択（Ctrl + A）	・カタカナ表記（F7）
切り取り（Ctrl + X）	・アルファベット表記（F9）
上書き保存（Ctrl + S）	・ファイルやフォルダの名前を変更する（F2）
一つ前の作業に戻る（Ctrl + Z）	・同じ動作を繰り返す（F4）
置換（Ctrl + H）	・画面の切り替え（Alt + Tab）
太文字にする（Ctrl + B）	・ウィンドウの画面を全て閉じる（windows + D）
下線を引く（Ctrl + U）	・エクスプローラーを開く（windows + E）

※ OS や機種によって異なります

1年6組学級通信
校長　〇〇　〇〇
担任　〇〇　〇〇
平成32年2月12日

絵本の読み聞かせ　～読書好きの子供を育てたい！！～

4月から絵本の読み聞かせを行ってきましたが，今日で191冊目になりました。運動会や遠足等の行事の時以外は毎朝読み聞かせをしてきましたので，子供達ともそれくらい多くの日々を一緒に過ごしてきたんだなぁと実感します。

２学期の懇談会の折に何人かの保護者の方から，子供と本屋に行くと「これ，先生に読んでもらった本！」「これすごくおもしろかったよ。このお話はね……」と絵本を手に取り，嬉しそうに話してくるというお話を聞かせていただき，私もすごく嬉しくなりました。本を読む時間が増えたということもお聞きしました。学校でも，読書タイムはそれぞれが静かに集中して本を読んでいます。読み聞かせをした本は学級文庫として教室に置いてあるのですが，その本を取って読んでいる子もいます。最近では，自分で見つけてきた絵本を「これおもしろかったから今度読んで！」と紹介してくれる子も出てきました。

私自身，本が大好きです。どんなに忙しくても月に５冊以上読んでいます。本は私達を色々なところに連れて行ってくれて，様々なことを考えさせてくれます。本を読むことで自分の考えや生活の幅が広がったと思います。だから子供達にも是非それを経験して欲しいと考え，始めた取り組みですが，多くの子が絵本に興味を示していることが何より嬉しいです。最近は絵本と合わせて「エルマーのぼうけん」という小説タイプの本も，何日かに分けて読むようにしています。一人読みを始めた子供には，まだ一人では読めないような絵が少ない本を読むことがいいからです。

読書好きの子供を育てるために，私自身できることを精一杯にやっていきます。そして１年生が終わってからも，たくさんの本と出会い，自分の考えや生活を豊かにしていってくれることを切に願っています。またお家の方でも「今日の絵本」についてお話いただけると嬉しいです。

191冊の中からの　ベストブック堀江

５位　はらぺこあおむし（作・絵：エリック・カール，訳：もりひさし，偕成社）
４位　じごくのそうべえ（作・絵：田島征彦，童心社）
３位　ろくべえまってろよ（作：灰谷健次郎，絵：長新太，文研出版）
２位　であえてほんとうによかった（作・絵：宮西達也，ポプラ社）
１位　おかあちゃんがつくったる（作：長谷川義史，講談社）

日記「あのね」より

日記の宿題を書き始めて，１ヶ月がたちました。子供達には，次の２点に注意して宿題をするように伝えています。

・「，」「。」を使う。
・いつのことか，どんなことがあったのか，感想（気持ち）も教えてね。

最初は，うまく書けないこともあり，お手伝いをいただくこともあるかと思いますが，どうぞよろしくお願いします。

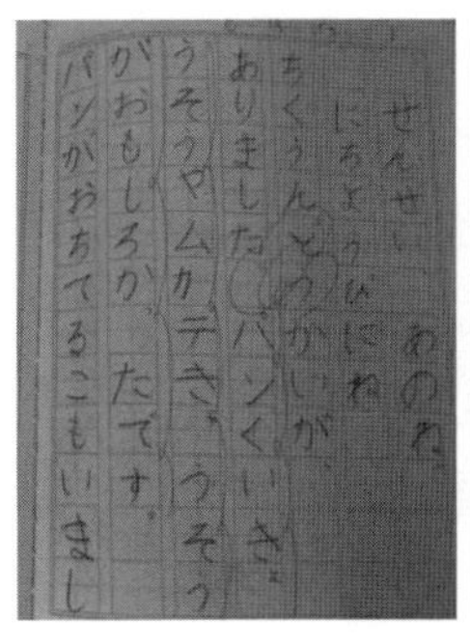

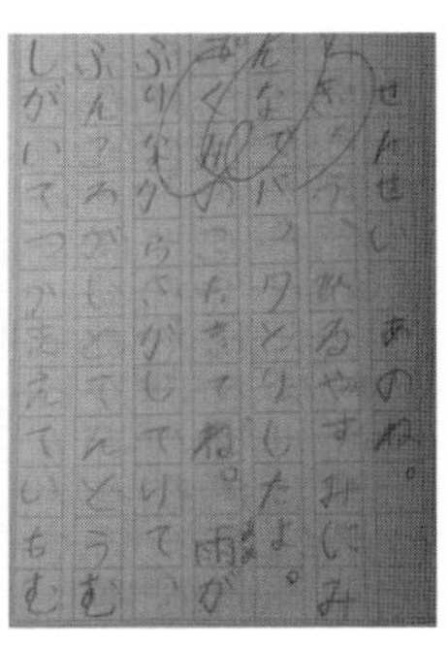

42 いよいよ二分の一成人式！～命の大切さ～

4年

1 先生の自己開示も通信の魅力の一つ

通信に無理に先生のプライベートなことを載せる必要もありませんが，普段の学校生活では見ることのできない先生の様子を通信に載せることで，子供達も保護者の方も喜んでくれます（喜んでくれるはずです !? ）。また，載せた記事から，保護者の方と共通の話題が生まれ，話をするきっかけが生まれるかもしれません。少し気軽に話ができるようになれば，子供の話題で保護者の方とコミュニケーションを密に図ることができるようになるかもしれません。何より，子供達は，先生達が仲良く一緒に集っている話がとても好きですよ。

まとめ

➡ 時には，恥ずかしがらず先生のことも通信で発信しよう

学級通信に使いたい“とっておきの○○”⑥「周辺機器①」

【1】マウスパッド（リストレスト付き）

1日30分，学級通信を作成する時間に割いたとすると，1週間で150分。一ヶ月ともなると相当な時間，パソコンに向かっていることになります。長時間の作業は，手首に負担がかかります。学級通信作成だけではなく，担任実務も勤怠管理もパソコンでの作業です。早速使ってみて，操作のしやすさを実感してみてください。

【2】モニター

『デュアルディスプレイ』という言葉をご存知ですか。デュアルディスプレイとは，モニターを2台使うことです。モニターが2台になることで，広い画面を使って作業できるようになります。狭い机で作業していたのが，広い机になるようなものです。一度，使うともう二度とこれまでの環境では作業をする気になりません。私の場合は，職場のノートパソコンに29型ウルトラワイドディスプレイを接続して使用しています。作業効率がぐんとアップします。

4年3組学級通信
校長 ○○ ○○
担任 ○○ ○○
平成32年2月14日

冬の自然も，魅力がいっぱい！

1月になり，気候も一年で一番寒い時期になりました。空気が乾燥しているので，冬の夜空もとても澄んで見えます。４年生の理科では夏と冬の星座についての学習を行いますが，教科書や映像で見るよりも，実際に空を眺めて観察するのが一番です。夏のさそり座と冬のオリオン座は，古代ギリシャ神話ではオリオンがサソリを恐れて逃げているので，一緒の季節の夜空に現れることが無いというエピソードもあります。寒さ対策を十分にして，是非綺麗な夜空を眺めてみてください。

冬の生き物も，寒さ対策をしています。例えばテントウムシやダンゴムシは落ち葉の下に隠れて暖を取り，冬場の大根や白菜が甘いのは，体内に糖分を蓄えることで自身の凍結を防ぐ（「凝固点降下」というものです）からです。自然はどの季節も素晴らしい力をもっています。学習の中で子供達に少しでもその面白さをお伝えできればと思っています。

いよいよ二分の一成人式！ ～命の大切さ～ 

いよいよ，明日「二分の一成人式」を迎えます。子供達はこれまで，合奏・合唱や，お家の人へのメッセージの練習をしてきました。そして 10 歳になるにあたり自分達の人生を振り返り，お家の人をはじめ多くの人に支えられて生きてきたことに気づきました。学級で「どんな二分の一成人式」にするのかについて話し合った際には「その人達に感謝の気持ちを伝えられるような式にしたい」という話になり，明日に向けて練習に取り組んできました。

昨日，リハーサルを終えた時にある子から「先生目が赤い」と言われ，ふと我に返りました。どうやら私は泣いているようでした。そこで子供達に「今のみなさんの姿が先生の子供の未来の姿と重なったんだよ」と言いました。今年，待望の第二子が生まれました。3482ｇの元気な男の子です。生まれてくるまでは不安だらけでした。無事に生まれてくるかな？　大丈夫かな？　だから産声を聞いた時は，安心と喜びで涙が止まりませんでした。まだ，自分で何もすることはできませんが，本当に可愛いです。でも不安なことがあります。元気に育っていってくれるのかな？　自分はこの子を立派に育てられるのかな？　将来を思うと，とても不安になります。そんな時に子供達の素晴らしい姿を見て，ついつい我が子の 10 年後の姿と重なって涙があふれました。

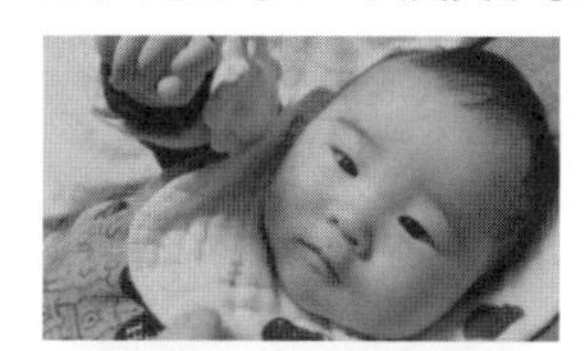

続けて子供達には「きっと明日お家の人は喜んでくれると思います。10 年間生きてきたこと，それだけで素晴らしいからです。そして何もできなかった子がビシッと立って自分の思いを言っている。お家の人にとったらとても嬉しいことでしょう。だから，みなさんは決して自分１人で生きているのではないということ。それを噛みしめて明日二分の一成人式を迎えて欲しいと思います。よく 10 年間立派に育ったね。本当におめでとう」と言いました。

保護者の皆様も，二分の一成人式に向けて，小さい頃の話や嬉しかったこと，心配だったこと等について，教えていただきありがとうございました。明日，子供達は今精一杯にできることをします。子供達の成長を温かい目で見守っていただければ幸いです。

◁先生の長男と次男です。2人の息子の8年後，10 年後の二分の一成人式が楽しみです。

連絡 2月24日（金）学習参観，講堂の開門は 13:40 です

2月24日（金）の４年生最後の学習参観「二分の一成人式～届けよう伝えよう私達の思い～」は，５時間目（13:55～）に講堂で行います。清掃や準備の都合上，講堂の会場時刻は 13:40～です。早く学校に来校されても，講堂の中には入ることができませんので，ご注意ください。

43 体の柔らかさを高めることの必要性を実感!?

6年

1 体育の授業の様子を発信する

以前担任した保護者の方から，参観日翌日に連絡帳で次のコメントをいただきました。

（中略）兄弟も含めて小学校の授業参観を９年間見てきましたが，体育の授業参観は初めてでした。運動会のダンスは，運動会当日に見たことがありましたが，普段の授業はどういう運動をして，どのように学んでいるのかが分からなかったので，とても新鮮でした。……

このコメントを読んだ時に，率直な感想として「そういえば他のクラスの参観で，体育の学習をしているところを見たことがないな…」と思いました。国語や算数等，教室で黒板に向かって学習している様子を伝えるのが，授業参観の一般的な形なのかもしれませんが，保護者の方は体育の学習は，どのようなことをしているのかをあまり知らないし，知りたいと思っていると考えます。

そこで，体育の学習で取り上げた運動を通信でも紹介し，その様子を知っていただくとよいでしょう。読み聞かせの活動を紹介する記事を通して，読書に親しむ態度を養うことと同様に，体育での学習の様子を紹介し，運動を身近に感じてもらうきっかけとなることを期待しています。

まとめ

➡ 体育で取り上げた運動とそのねらいを具体的に発信しよう

効率よく通信を発行する“とっておき”の時短ワザ ❼

～ ショートカットキーをカスタマイズする ～

先ほどは，学級通信を作成する際によく使うショートカットキーを紹介しました。実は，ショートカットキーは，自分の使いやすいようにオリジナルショートカットキーを作成することができます。問題は１つ。その自分で設定したショートカットキーは，自分のパソコンでしか使うことができないので，自分専用のパソコンで通信を作成していない場合は，利用することができません…。私のパソコンでは，例えば，次のような設定をしています。

Ctrl ＋ Alt ＋W ＝ Word を立ち上げる
Ctrl ＋ Alt ＋E ＝ Excel を立ち上げる
Ctrl ＋ Alt ＋P ＝ PowerPoint を立ち上げる
Ctrl ＋ G ＝字のスタイルをゴシックに変更
Ctrl ＋ M ＝字のスタイルをマルゴシックに変更
Ctrl ＋ N ＝字のスタイルをＭＳＰゴシックに変更

※職員会議の案件や指導案・研究紀要作成の時間短縮にも役に立ちますね

6年1組学級通信
校長 〇〇 〇〇
担任 〇〇 〇〇
平成32年2月19日

My Best Memory〜中学校生活へ〜

4月から様々な機会を通して，英語に慣れ親しんできた外国語活動も終わりに近づこうとしています。英単語の書き取りも，4線を意識してしっかりと書くことができるようになりました。技能の定着と共に，表現の幅も広がってきた6年生。最後は「自分にとっての思い出を英語で表現する」学習に取り組みました。What's your best memory? →My best memory is from〜.という表現から，運動会（sports festival)や，広島への修学旅行（We went to Hiroshima.）等等。日本語で夢を話すには，少し照れや恥ずかしさがあるかもしれませんが，英語で話すといつもと違ってどこか新鮮で，楽しく語り合える機会になったようです。子供達の中で多かったのは，次の思い出でした。

運動会	練習を重ねた6年生のフラッグの演技は，たくさんの子が思い出に残っているようです。
修学旅行	広島での平和学習や，外国語の学習を生かして外国の方と話したことが思い出に残っている子は多かったようです。
全校遠足	縦割り班での活動では最上級生として，責任も大きかったのですが，それ以上に達成感を感じている子供も多くいました。

たくさんの思いを胸にした子供達は，新たな中学校生活にどのような期待をもっているのでしょうか。学習の振り返り時に少し交流しました。すると，やはり私の思っていた通り，一番多かったのは部活でした。I like basketball. I want to join the basketball team.というように，すでに入りたい部活を決めている子供もたくさんいました。自分の目標や希望を明確にし，堂々と話せるようになった子供が増えたことを実感して，こちらも感慨深くなった45分間でした。

体の柔らかさを高めることの必要性を実感！？

今，体育の学習では，中学校に向けて自分の体力を知り，体力を高める計画を立てるという学習をしています。そこで下の写真の3つの運動を柔らかさとして取り上げて実施しています。持続して走る力や，速く走る力だけが体力とはいいません。体の柔らかさ（柔軟性）も体力の1つで，怪我の発生率を下げる上では大切です。

△台車でくぐろう

台車に乗り，友達がその台車を引っ張ってくれるので，長座体前屈の姿勢のままゴムをくぐります

△体を反ってくぐろう

いわゆるリンボーダンスです。自分の目標とする高さのゴムを，体を反ってくぐります

△ボールを拾おう

台に乗り，ピンポン玉・ドッジボール等の大きさの違うボールをひざを曲げないで拾います

親子 de 体力アップにおすすめQRコード

♪お家の方とやってみるのもいいですね

◁元気アップハンドブック
（日本レクリエーション協会）
楽しく外遊びやスポーツを行うための，子供達向けの資料です。

◁やってみよう運動あそび
（日本レクリエーション協会）
少人数でもグループでも，大人数でも楽しめる遊びを検索することができます。

44 卒業式に向けて～在校生の代表として～

5年

1 大切な予定は，クラスで共有する

一般的に，行事予定は学年だよりで保護者の方に月の始めに伝えます。右の通信では，あえて学級通信でもその予定を載せています。朝，通信を配布して，この行事予定を子供達の前で読んだとします。その時に「卒業式の予行の日は，こういう服装で来ないといけないよ」「卒業式当日は，卒業生の胸にお花を付ける役割の子以外は，９時～９時15分の間に登校しなくてはいけないよ」等の伝達・注意事項を子供達に説明します。また，「この卒業式の件で，何か分からないことや質問はありませんか」と子供達が気になることを質問として受付，クラス全員にも伝えることができます。大切な予定は，学級通信でも掲載して保護者の方に伝えるとともに，クラスでも具体をイメージさせながらその情報を共有するようにしましょう。

まとめ

➡ 大切な行事は，学級通信で子供達と具体的な動きも含めて確認しよう

《通信作成のヒント》実物紹介 ⑨ ～ 手書きで先生の熱い想いを伝える ～

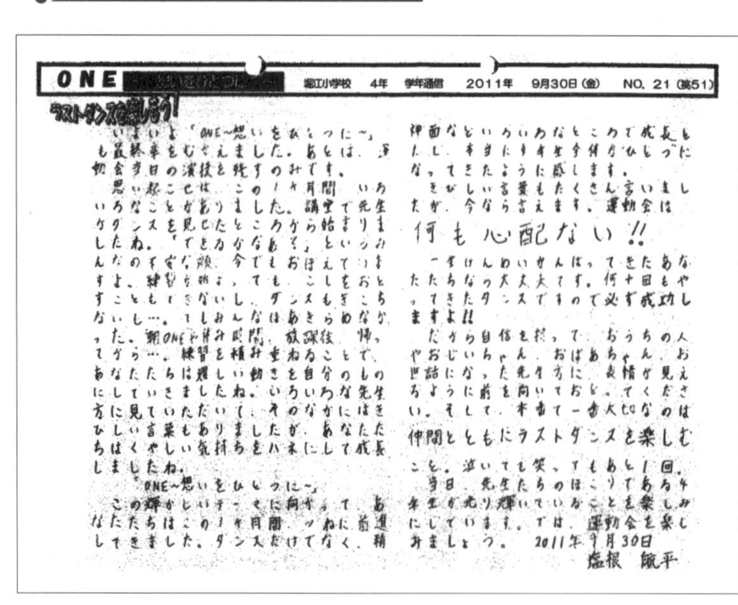

ONE　堀江小学校　4年　学年通信　2011年　9月30日(金)　NO. 21 (通算51)

ラストダンスを楽しもう!

いよいよ「ONE～想いをひとつに～」も最終章をむかえました。あとは、運動会当日の演技を残すのみです。
思い起こせば、この1ヶ月間 いろいろなことがありました。講堂で先生がダンスを見せたところから始まりましたね。「できるかなあ？」というみんなの不安な顔。今でもおぼえていますよ。練習が始まっても、こしをおとすこともできないし、ダンスもまちがいし…。しかしみんなはあきらめなかった。朝ONEや休み時間、放課後、帰ってから…。練習を積み重ねることで、あなたたちは難しい動きを自分のものにしていきました。いろいろな先生方に見ていただいて、そのなかにはきびしい言葉もありましたが、あなたたちはくやしい気持ちをバネにして成長しましたね。
「ONE～想いをひとつに～」
この輝かしいテーマに向かって、あなたたちはこの1ヶ月間、つねに前進してきました。ダンスだけでなく、精神面などいろいろなところで成長をたし、本当に4年生全体がひとつになってきたように感じます。
きびしい言葉もたくさん言いましたが、今なら言えます。運動会は

何も心配ない!!

一生けんめいがんばってきたあなたたちなら大丈夫です。何十回もやってきたダンスですので必ず成功しますよ!!
だから自信をもって、おうちの人やおじいちゃん、おばあちゃん、お世話になった先生方に、表情が見えるように前を向いておどってください。そして、本当に一番大切なのは

仲間とともにラストダンスを楽しむ

こと。泣いても笑ってもあと1回。
当日、先生たちのほこりである4年生が光り輝いていることを楽しみにしています。では、運動会を楽しみましょう。　2011年9月30日
塩根　皖平

運動会の団体演技を指導している先生に，全面手書きで「本番直前の先生の想い」を書いてもらいました。

時には，手書きで書くことで，先生の熱いメッセージをより伝えることができます。活字のよさもありますが，ここでの手書きは先生の優しく子供達を包み込む想いが滲み出ていますね。

5年4組学級通信
校長　〇〇　〇〇
担任　〇〇　〇〇
平成32年2月28日

卒業式に向けて ～在校生の代表として～

明日から3月です。5年生には大きな役割が待っています。それは卒業式の参加です。これまでお世話になった6年生を在校生代表としてお見送りします。6年生への感謝の気持ちや，4月からは私達が学校をより良くしていくという思いを伝えます。呼びかけの言葉や歌の学習を始めていきます。自分の役割や責任を果たすとともに，卒業する6年生にとって，最高の卒業式になるよう，在校生代表として精一杯頑張りましょう。

卒業式までの日程

3月 5日(火)6年生を送る会 1時間目

3月13日(水)卒業式予行

3月19日(火)卒業式前日準備 6時間目

3月20日(水)卒業式 登校8:25 開式9:00

※卒業式の予行日と当日は服装に注意しましょう。2月の学年便りでもお伝えしていますが，今一度ご確認ください。

学習の発展‼豆知識 ホールケーキの分け方

算数の学習で「正多角形と円周の長さ」について学習してきました。そこで，目分量でケーキをできるだけ等しく分ける切り方について紹介します。そこには，算数で使う考え方がたくさん使われています。

★ケーキを2人で分ける方法

ケーキを2人で分けるためには，等しく2つに切らなければいけません。つまり，円を2等分するわけですから，ケーキを直径で切る必要があります。そのためには，まっすぐなテーブルの上か新聞紙等の紙の上にのせます。そして，新聞やテーブルのまっすぐな辺に対して包丁が垂直になるように持ち，まっすぐな辺に1番近いところを通るように切っていきます。こうすれば直径で切れます。

★ケーキを4人で分ける方法

まず，2人で分ける方法と同じように直径で切ります。そして，切り口をテーブルや新聞紙の辺と平行になるように置きなおして，2等分の時と同じ要領で包丁を入れます。これで4等分が完了です。

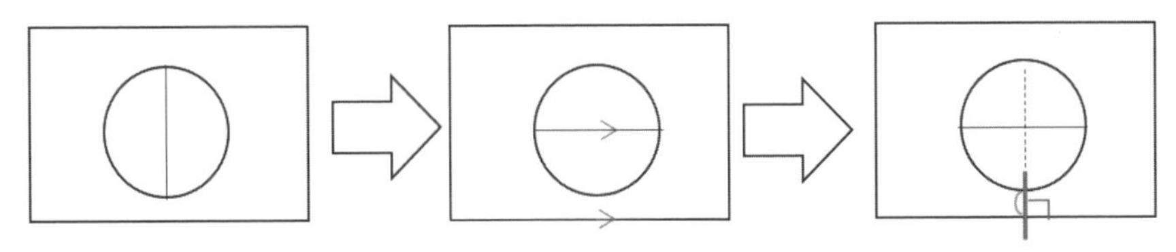

白熱したバスケットボール ～チームの一体感の高まり～

バスケットボールの学習も終盤にさしかかり，ゲーム大会に向けてそれぞれのチームにあった作戦を相談しています。子供達はチームで話し合って「ボールをポストに入れて攻める」「速攻を意識して，ロングパスをたくさん出す」等色々な作戦を考えています。

前回の体育の時間では，レッドハリケーンチームの梶原さんが外に出そうになったボールを必死になって追いかけてパスをつなぎ点につながりました。チームメイトだけでなく相手チームからも歓声が起こり，全体が興奮の渦に巻き込まれました。みなさんで認め合い，たたえ合う様子を見ていて「いいクラスだなぁ」と感心しました。体育を通じてクラスの一体感が生まれています。

45 卒業旅立ちの会に向けて ～届けよう伝えよう私達の想い～ 6年

1 学習（音楽）発表会は，趣旨と子供達の想いを載せる

本校では，２月に６年生の毎年恒例の行事である「卒業旅立ちの会」という音楽発表会形式の学習参観があります。ここでは，６年生の子供達がこれまでの小学校生活を振り返って自分の近くにいてくれる方への感謝の想いを伝えるとともに，気持ちを込めて合唱・リコーダー奏・合奏を披露します。学校では，この行事をどのような教育的価値を生み出すことをねらいに行っているのか，そして，当日に向けて子供達はどのような姿勢で取り組んでいるのかを保護者の方に伝えることで，より，当日の発表会を小学校６年間の思いに浸りながら参観していただくことができます。

【平成27年2月24日（火）6時間目14:50～】

卒業　旅立ちの会

～感謝の気持ちを込めて～

1. はじめのことば
2. 合唱「地球星歌」
3. 思い出ビデオ
4. 合唱・合奏
   - ・仰げば尊し
   - ・エーデルワイス
   - ・八木節
   - ・ハンガリー舞曲
5. 家族へのメッセージ
6. フィナーレ
   - ・Top of the world
   - ・エルクンバンチェロ
   - ・見えない翼
7. おわりのことば

（　　　　へ）

（　　　　より）

このような招待状のフォーマットを載せるか，右の通信のようにプログラムを載せておくことで，家でも子供達と保護者の方のこの卒業旅立ちの会に対する会話が生まれることでしょう。当日の演奏は，ボイスレコーダーに録音して希望される保護者の方にCDとして渡したこともありました。学級通信とともにCDも保管していただければ，10年，20年経ってもこの時の思い出が鮮明に思い出されることでしょう。

挑 102

学級通信　2012年　3月23日(金)

1年間ありがとう & さんさようならパーティー

さんが転校することになりました。

昨日、「1年間お疲れさま、　さんさようならパーティー」を行いました。一年間、取り組んできた係の会社活動それぞれが、劇やゲーム、クイズなどみんなが楽しめる工夫をしていました。会社活動の総決算にふさわしく、工夫もありました。また、みんなが笑っていました。係の話を聞く時は、しっかり聞き、もりあがるところはしっかりともりあがり楽しんでいました。このメリハリが大切ですね。完璧でした。

会のはじめのプログラム1番は、やはり、「ONE」を踊りました。みんな懐かしいので思い出しながら踊りました。意外に覚えているものです。ONEのつぼとして、朝ONEをしたり、休み時間に踊ったりしましたから覚えているのでしょう。

そして、最後にサプライズがありました。
実は、前々からあやしい動きがあったので、何か変だな？とは思っていました。なんと、それぞれの係から、心あたたまる手紙や似顔絵、メッセージが書いている画用紙をもらいました。
感動しました。本当に、ありがとう。
そして、自然と涙が出てしまいました。（ここまで思ってくれているなんて、ありがとう。まだまだこのクラスで勉強したかったお別れするのが、少しさみしい、、、この手紙にも一年間学習してきた要素が凝縮されていました。成長したなぁ、もう本当に5年生になるんだなぁ、うれしい・・・という様々な気持ちで…）
クラスのみんなは、　さんの手紙を書いていたので、教室の後ろでこっそり泣いてしまいました。（たぶん、だれもわかっていません。秘密です）

行事の後は，先生の感想や保護者の方の感想を載せたり，これまで頑張って取り組んできたことを子供達が肯定的に捉えることができるように「大成功パーティ」の様子も載せたりするようにしましょう。

ちょうど，この時は４年生の３学期途中に転校することになった子がいました。転校することを通信に載せるかどうかは，保護者の方や管理職に確認する必要がありますが，お別れの様子や転校する子からのメッセージを通信で伝えました。

まとめ

➡ 学習（音楽）発表会は，その目的や子供達が取り組んでいる様子，その想いを発信するようにしよう

6年1組学級通信
校長　○○　○○
担任　○○　○○
平成32年3月2日

卒業旅立ちの会に向けて～届けよう伝えよう私達の想い～

小学校生活最後の参観は「卒業旅立ちの会」と題し，これまで支えてくださった保護者の方々に感謝の気持ちを伝える会を開きます。その会に向けて子供達は，6年間の自分達の成長を振り返り，どうやったら自分の今の思いを伝えることができるのか，一人一人が一生けんめい考えています。「様々なことができるようになるたびに，一緒になって喜んでくれたこと」「思うようにいかなくて落ち込んでいた時に励まし，背中を押してもらったこと」等，それぞれのエピソードは違います。しかし，その一つ一つが子供達の宝物になっていることはどれも同じです。当日は，そんなエピソードも交えて，一人一人が感謝の気持ちをお家の方々に伝えます。また「卒業旅立ちの会」では，合唱と合奏の発表も行います。これまで6年生は「音に気持ちをのせて演奏する」ことを目標に学習をしてきました。合唱では，歌詞に込められた思いや情景を話し合い，それをどのようにして歌えば聴き手に伝わるのか考えました。歌の上手下手ではなく，子供達の気持ちを感じ取ってもらえると嬉しいです。合奏では，これまで学んできたことを生かせるよう，大曲に挑戦します。曲名は，当日のお楽しみ。子供達の最後の雄姿をご覧ください。

プログラム

① **はじめのことば**
② **オープニングの演奏**
・カノン（リコーダー奏）　・カントリーロード（リコーダー奏）　・マイバラード（合唱）
③ **未来へ決意の言葉（1組→2組）**
④ **未来にむけてのメロディ**
・ふるさと（合唱）　・情熱大陸（合奏）　・コンドルが飛んでいく（合奏）　・お楽しみ（合奏）
⑤ **エンディング**
・心の花をさかせよう（合唱）
⑥ **おわりのことば**

卒業まで，あと20日　～今考えること～

早いもので，卒業まであと20日となりました。毎日卒業式に向けての学習に励んでいるみなさん，今，何を考えていますか。不安・希望・寂しい・嬉しい…みなさんが，思い思いに色々なことを考えながら生活していることだと思います。そんなみなさんに先生があと20日考えて欲しいことは「感謝」です。小学校生活6年間を振り返って5つの感謝を考えてみましょう。

一，学校への感謝
6年間色々なことを学ばせてくれた学校に感謝しましょう。いつもより丁寧に隅々まで掃除ができそうですね。

一，先生への感謝
6年間様々な先生にお世話になりましたね。クラブ・委員会・1年生の時の先生等，多くの先生にみなさんは見守られてきました。きちんと感謝の気持ちを伝えましょうね。

一，家族への感謝
みなさんの事を一番に考えいつもそばで支えてもらいましたね。照れくさいかもしれませんがいつもより元気に「いってきます」と家を出ましょう。

一，友達への感謝
ケンカした時もあったかもしれませんが，楽しい思い出というのは自分1人ではなかなか作れません。今教室で過ごしている日常があと20日で日常ではなくなります。より一層優しくなれそうですね。

一，自分への感謝
自分で自分に感謝するのは変な気分かもしれません。しかし，6年間の小学校生活を終えることができたのは自分のおかげです。自分をほめて自分に感謝しましょう。

5つの感謝理解してくれましたか？　きっと今より充実した20日間を送れると思います。意識してみてください。

46 入学式「お祝いの演技」の練習を頑張っています！

1年

1 保護者の方が見ることのできない行事を伝える

本校では３月になると，１年生が次の新１年生の入学式にお迎えの言葉と演奏を披露するために，呼びかけと歌・合奏の練習を始めます。子供達の１年間の成長は感動を覚える程素晴らしいです。しかし，その様子は次年度の４月の入学式で新１年生に披露するだけなので，当の保護者の方は見ることも歌声を聴くこともできません。少しでもその様子を伝えるために，子供達の成長を通信で披露するようにしましょう。最近は，スマホのカメラを通信の写真にかざすと，動画が流れてくるような「Aurasma」というアプリも出てきています（学校教育で活用する場合は，動画の保存先等，クリアしないといけないことはたくさんあると思いますが…）。学習参観等の行事を除くと，保護者の方は，通信でしか子供の様子を知ることができませんが，近い将来，このアプリを使って通信から流れる動画を通して子供達の様子を知ることができる日が来るかもしれません。

2 協力してくださった保護者の方に感謝の気持ちを伝える

生活科の自分のこれまでを振り返る場面や，二分の一成人式で生まれた当時のことを振り返る場面等，学校では子供達に小さい頃のことを保護者の方にインタビュー形式で聞いてきてもらうことが時々あります。また，その当時の写真を持ってきてもらうこともあります。

学級通信では，保護者の方に協力してもらったままではなく，協力していただいたことを基にどのように学習が進んだのかをきちんと伝えるようにしましょう。そして，協力してくださったお礼と共に出来上がった成果物（通信内では「成長ブック」）も併せて載せるようにするとよいでしょう。

まとめ

➡ 保護者が見ることのできない子供達の姿は積極的に発信しよう
➡ 保護者の方に協力をしていただいた後は，通信でそのお礼を伝えよう

コラム⑧ 学級通信はどうやって保管している？

私のクラスでは，通信は年度当初に児童費で購入する通信専用のファイルに綴じるようにしていました。ファイルは，いつも机の横の手さげに入れておくようにし，配付と同時に綴じていきます。通信を配付した日は，ファイルを持って帰るようにします。発行部数が多くなると，重くなってくるので必要に応じて月や学期ごとに中身を抜いて家で保管するようにしておくとよいでしょう。年度末にまとめて製本すると一冊がきれいにまとまるのでいいかもしれませんが，余分に費用がかさむことなので，私は，これまで一度も製本してまとめるようなことはしませんでした（学期末には，厚紙で印刷した表紙や目次を付けるようにしていました）。

1年6組学級通信
校長 ○○ ○○
担任 ○○ ○○
平成32年3月3日

ふわふわことば と ちくちくことば

今日は，ふわふわことば（優しく，気持ちがよくなる言葉）とちくちくことば（傷つき，嫌な気持ちになる言葉）について話し合いをしました。悪気はなくても，友達にきつい言葉を言ってしまったり，思ったことをそのまま言ってしまったりした結果，相手に嫌な思いをさせてしまった経験は誰もが，一度はあるのではないでしょうか。
「どんな言葉があるかな」と聞くと，黒板がいっぱいになるほど，たくさん発表してくれました。

「ちくちくことば」
・はやくしろや　・かっこわるいな
・へんなの！　・なにしてんの（きつく）
・あほちゃう　・イヤやわ

「ふわふわことば」
・ありがとう　・だいじょうぶ
・すごいね　・がんばれ　・じょうずだね
・また遊ぼうね　・一緒にやろうよ

そんなつもりで言っていなくても，受け止めた友達にはちくちくことばになってしまうこともあります。学習のまとめに「目に見える傷は治るのがわかりますが，心の傷はその時は謝ったとしても，きれいに治ったかどうかは分からないね。みなさんが，安心して過ごせるクラスにするためには，ふわふわことばであふれるクラスにしたいね」という話をしました。以前の校長先生のお話に次の詩の紹介がありました。

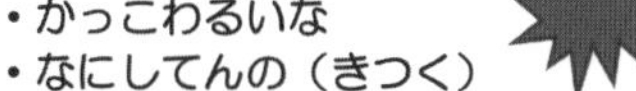

ほんの一言で救われることもあれば，傷つけられることもあります

言葉は魔法です。大人も子供も大切にしていきたいですね。

入学式「お祝いの演技」の練習を頑張っています！

昨年の4月。笑顔いっぱいに入学してきた1年生も，あともう少しで2年生になります。あんなに小さかった1年生も，この1年間，様々な体験を通して，お兄さんお姉さんらしくなってきました。できるようになったことも増え，元気いっぱい学校生活を送っています。そして，来月には，可愛い新1年生が入学してきます。子供達は学校の1年先輩として，入学式でお祝いの演技を披露します。新1年生が楽しく安心して小学校に通えるように，小学校のよいところや楽しい行事を紹介する呼びかけをします。

今，子供達は，1年生のみなさんに分かりやすいように大きい声でゆっくりと言葉を話すことをめあてに練習をしています。学習発表会でセリフを言う経験をしたおかげか，どの子も練習の最初からとっても上手に話すことができました。その様子を見て「ずいぶん成長したなぁ」と本当に嬉しくなりました。音楽で学習してきた鍵盤ハーモニカを使って合奏も披露します。音楽の時間だけでなく，休み時間も一生けんめい練習しています。中には「家で練習したいから，鍵盤ハーモニカを持って帰ってもいいですか？」と言ってくる子もいて，1年生に楽しんでもらおうというやる気が伝わってきます。なかなか難しい曲ですが，みなさんが心を1つにして音を揃えることを大切にしています。

お家でも子供達の頑張りに励ましの言葉をかけていただければと思います。入学式当日は，お祝いの演技の時に保護者の方々に見ていただく予定です。楽しみにしておいてください。

大きくなったぼく・私

生活科の学習では，生まれてから今までの自分の成長について調べてきました。保護者のみなさんには，子供達の学習にご協力いただきまして，本当にありがとうございました。おかげさまで，子供達は1人1人とても素敵な成長ブックを仕上げることができました。「生まれた時にどれほど喜んでもらえたか」「自分の名前にはどんな意味が込められているのか」「どれだけ愛情を注いで育ててきてもらっているのか」等，子供達にとっては，初めて知ること・嬉しいことばかりで，自分の生い立ちについて，みなさんに伝えたい気持ちでいっぱいになっていました。

先日，授業の中で成長記録を発表する機会がありました。自分の発表はもちろんですが，子供達は友達の発表にも大変興味を示していました。次号，子供達が一番おすすめの1ページをそれぞれ紹介します。

47 生活科で振り返る1年間

2年

1 写真で1年間を振り返る

生活科の学習では，３学期にこれまでの行事や探検に行った町や公園の様子を振り返ります。通信でも１年間の成長を保護者の方に伝えるという意味で，写真とともに先生のコメントも添えて振り返ってみてはいかがでしょうか。そのためには，１年を通して写真を撮りためておく必要があります。同じ場所の景色でも季節の移り変わりとともに，葉の色や周りの様子が変わってきます。

まとめ

➡ 通信で１年間の子供達の成長を，写真とともに振り返ろう

効率よく通信を発行する“とっておき”の時短ワザ ❽

～ ユーザー単語登録をする ～

学級通信を作成する際に，よく使う言葉やフレーズは，単語登録するとこれまでより早く文書を作成することができます。私のパソコンでは，例えば「が」と入力して変換をすれば「学級通信」という文字が出てくるようになっています。他にも次のような単語登録をしています。

が…学級通信	じゅ…授業	こ…子供	ほ…保護者	ふ…振り返り
く…組立体操	に…二分の一成人式		た…体育	さ…算数
か…「」，『』，【】	や…→，↓，↑，↑		げ…月曜日	す…水曜日

ここでは紹介しきれないくらい登録していますが，自分が通信作成において，よく使う単語を思いついた時にその都度登録しておくことで，作業時間が大幅に短縮されます。また，変換ミスも少なくなります。

学級通信だけではなく，「い…いつもお世話になっております。」等，メールで使う定型文を登録しておくのもよいでしょう。職員会議の案件作成にも役に立ちます。

smiley（スマイリー） W（ダブル） ピース no. 47

2年2組学級通信
校長 〇〇 〇〇
担任 〇〇 〇〇
平成32年3月7日

生活科で振り返る1年間 

1年の中でこの時期は「啓蟄（けいちつ）」といって，大地で冬ごもりしていた虫たちが春のあたたかさに目をさまし，這い出てくるとされています。春はもうすぐそこです。

生活科の学習で，行事を中心に1年間を振り返りました。春，秋の遠足，季節ごとの見つけ学習，運動会や音楽会等子供達の様子をスライドで振り返りました。左の写真はそれらの1部です。少し分かりにくい写真や，加工して1部分を提示することで，子供達は食い入るように見つめ「分かった！」「あれ？　これは何だろう？」と，歓声をあげたり，首をかしげたりしていました。春の遠足の様子を目にした子供達は，自分達の成長に笑顔をこぼし，季節を追って紹介した自然の様子につぶやきをもらしていました。いつまでも自然との関わりや子供の気づきを大切にしたいですね。

鉄棒の練習を頑張っています！

体育「てつぼう遊び」の学習が始まりました。毎時間の初めは，うんていやジャングルジム，のぼり棒でたくさん遊びます。子供達は，遊びの中で，色々な技を発見しています。「後ろ向きうんてい」「うんてい逆上がり」「ジャングルジムこうもり」等，逆さになったり回転したりして新しい技に挑戦しました。低学年のうちに，遊びの中で，様々な動きを経験し，身体の感覚を養って欲しいと思っています。

遊具のコーナーで心も体も準備ができたら，次は，鉄棒コーナーに移動します。ここでは，ペア・グループでお互いにお手伝いをしながら運動します。離れないように手を一緒に上から握ってあげたり，回転しやすいように足を持ってあげたりしています。友達が成功した時には，大きな歓声が上がり，拍手が鳴りやみませんでした。「足を前の方に振ったタイミングでグッと体を引き付けたらいいよ」「親指をしっかり下から回して鉄棒を握るといいよ」等，コツもたくさん見つけることができました。

保健室より　～教室の換気を意識しよう～

昨日，保健室の先生が教室にきて「まだまだ流行している風邪を予防するためには，教室の換気が必要です」という話をしてくださいました。窓を開けるとまだまだ冷たい風が入ってきますが，子供達は保健室の先生から教わったことを意識して換気をこれまで以上にするようになりました。お家でも是非実践してみてください。

【換気のポイント】

＊空気の入り口と出口をつくる…対角線に窓を開けると，空気の通り道ができます
＊高低差を利用する…高い窓と低い窓を開けると，下の窓から冷たい新鮮な空気が入ってきて，熱気のこもった空気が上の窓から逃げていきます
＊入口は小さく，出口は大きく…入口を小さくすると空気は勢いよく入り，出口が広いとスムーズに出ていきます

【♪換気をするとこんなにいいことが♪】

・新鮮な空気と入れ替わる
・においがなくなる
・ほこりや細菌，ウイルス等が出ていく

48 道徳「素敵なともだち」より

1年

1 道徳の学習は，あらすじとともに子供達の感想を

例えば，道徳「やさしいイス」というお話を基に学習をしたことを通信に子供達の感想とともに載せるとします。しかし，読んでいる保護者の方には，そのタイトルと学習を終えた子供達の感想からなんとなく，どのようなお話で学習をしたのかが推察できます。しかし，その「やさしいイス」という単元がどのようなお話なのかは，想像でしかありません。

新しい教科となった今。道徳の学習には，これまで以上に保護者の方も関心を示していることと思います。通信でその学習の様子を伝えるためには，右の通信のようにそのお話のあらすじをきちんと書くようにしましょう。また，プレゼン資料を提示しながら電子黒板で授業を進めた場合は，その時のスライドも一部紹介すると保護者の方がどのようなことを学習したのかをより一層理解することができます。

まとめ

➡ 道徳の学習は，子供達の感想だけではなく，そのお話のあらすじを一緒に載せて説明しよう

学級通信に使いたい“とっておきのOO”⑦「周辺機器②」

【3】キーボード

96ページで紹介したマウスパッドもモニターも学級通信をはじめとするパソコン操作の作業時間や体への負担を大幅にカットしてくれる道具ですが，あなどれないのがこのキーボードです。

キーボードの打ちやすさは，特にその人の好みによって大きく違います。実際に家電量販店へ行き，「キータッチの重さ」と「打鍵音」等を踏まえて，打ちやすさを試してみるのがよいでしょう。タッチタイピングのホームポジションを前提として，場所によって30ｇ，45ｇ，55ｇとキータッチの重さが設定されているキーボードもあります。余計な力がいらない分，疲労感も表れにくいので，長時間のタイピングに適しています。

私の場合は，あまり上手にホームポジションでのタイピングができないので，一律に30ｇのキーボードを使用しています。初めは，なかなかその軽い30ｇのキータッチに慣れませんでしたが，今ではこのキーボードなくして文字入力は考えられません。たかがキーボード。されどキーボードです。

1年6組学級通信
校長 〇〇 〇〇
担任 〇〇 〇〇
平成32年3月9日

1年の振り返り

1年が終わろうとしています。4月に入学した子供達は，心も体もたくましく成長しました。このクラスの子供達は，どの活動にも主体的に取り組むことができます。自分一人ではできないことも，クラスの仲間の力でたくさんのことを成し遂げることができました。一人一人の子供達が，今後もますます輝くよう心から祈っています。今回は，「1年間を振り返って」をテーマに，子供達が書いた作文を紹介します。

- ぼくは，字がとても上手に書けるようになりました。上手に書くコツは，中心線をよく見るということです。
- 発表タイムで，私はピアノの演奏をしました。クラスのみなさんに聞いてもらえて，うれしかったです。
- 初めは，鉄棒の「ふとんほし」が怖くてできませんでした。でも，友達が手を持ってくれて，隣で応援してくれました。できるようになって嬉しいです。
- 算数の繰り下がりの引き算の勉強で，みなさんの前でブロックを使って説明をすることができました。
- 学習発表会で，みなさんと一緒に劇をしたのが楽しかったです。舞台の上で，おじいさんになりきって，本物みたいに言ったら，みなさんが「すごい」と言ってくれました。
- 私が考えた「お菓子だるまさんがころんだ」を紹介したら，みなさん遊びの時間に友達が楽しんでくれたから「発表してよかったな」と思っています。

道徳「素敵なともだち」より ①

「素敵なともだちのあらすじ」 アヒル，白鳥，カメが池の真ん中にある公園に遊びに行こうとします。そこにリスが来て，池に連れて行って欲しいと言いました。でも，3匹は「リスさんは泳げないからダメ」と言って，仲間に入れず，3匹で遊びました。でも，ちっとも楽しくありません。次の日，3匹はリスにあやまり，4匹で遊びに行くことにしました。

道徳の学習の中で「3匹でいるときよりも。4匹で遊んでいる時の方が素敵なのはどうしてかな？」と問いかけると，「みなさんが笑顔だから」「仲間外れがいないから」「誰も泣いていないから」「みなさんで遊べる方法を考えているから」といった意見が出ました。そこで更に，「みなさんで遊べるようになるとどんな友達になれるかな？」と更に問いかけました。子供達からは「もっと素敵な友達！」「とってもいい友達」「親友！」「大親友！」といった考えが出ました。仲間外れを作らず，みなさんで遊ぶことの良さを知ることが出来た学習でした。

＜児童の感想＞

- 4匹でいるほうがとても素敵。（中西さん）
- 仲間外れにしても，いいことがない。（塩根さん）
- みなさんで遊ぶととっても素敵な友達になれる。（有田さん）

連絡 140周年行事ＤＶＤを貸し出します

1月26日（日）に堀江小学校140周年記念の式典がありました。学校関係者と地域のみなさん，そして小学校からは5・6年生が児童代表として出席しました。全員で歌ったふるさとの歌は圧巻でした。最後は，堀江小学校の歴史や堀江小学校をこよなく愛する地域の方々のメッセージ等を収録した映像を全員で見ました。この映像を収録したＤＶＤは，2月の学習参観の後に多目的室で放送予定です。また，貸し出しもしていますので，ご覧になられたい方は，連絡帳でお知らせください。

49 4年生最後の作品は「月夜にうつるミミズク」

4年

1 図工の作品や要点をまとめたノートは，実物を載せる

「百聞は一見にしかず」という言葉があるように，学級通信で，「子供達は，図工の時間に下書きから丁寧に描いています」とか「実際の動物が羽ばたいているように描きました」というように何回も伝えるよりも，一度でも実際に見てみると，より保護者にそのことが伝わります。できることならば，子供達の図工の作品を全員分通信で紹介するのがよいでしょう。 画用紙サイズはスキャナーで読み取ることは難しいですが，机に置いた子供の作品をスマホで正面から撮影するだけで紙面に載せるのには十分な画質になります。右の通信の学習のまとめノートは，貼り付けているサイズをもっと大きくすることで何を書いているのかまで，きちんと読むことができます。

➡ 図工の作品やノートにおける子供の頑張りは，実物を載せて保護者に発信しよう

《通信作成のヒント》実物紹介 ⑩　～ 図工の下絵を載せる ～

作品展に向けて，子供達が描いている絵画の下絵を載せています。出来上がった作品だけではなく，その途中の努力の様子も伝えることで，作品展当日をより楽しんでもらうことができます。

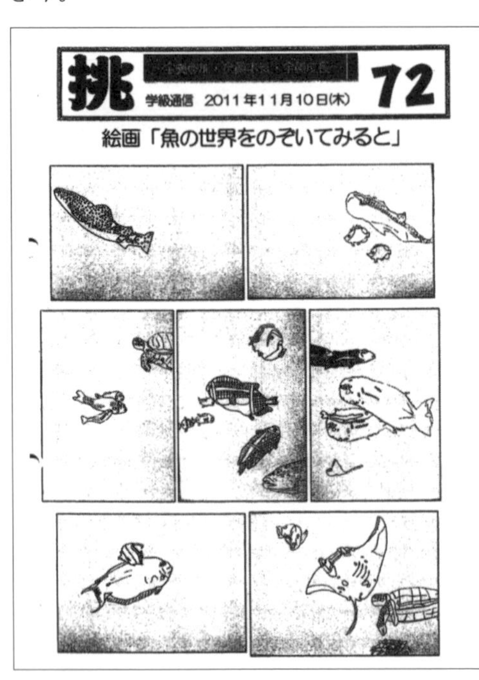

挑　学級通信　2011年11月10日(木)　72

絵画「魚の世界をのぞいてみると」

挑　学級通信　2011年11月14日(月)　74

絵画「魚の世界をのぞいてみると」2

下絵が完成しました。あとは、着色です。

魚の絵を仕上げた後、金曜日に、水そうを見ている人をかきました。人を魚の後ろに描くことで、立体的な絵になります。そのために、まず教室で水そうを見ている人の動作を考え、写真に撮りました。

そして、写真の画像をペイントのソフトで加工して、よく見て描いていきます。描いていくときには、魚と重なる部分があるので、まず、鉛筆で下書きをします。

最後に、魚と重なっている部分を消しゴムで消して、サインペンでなぞります

4年3組学級通信
校長 ○○ ○○
担任 ○○ ○○
平成32年3月10日

4年生最後の作品は「月夜にうつるミミズク」 

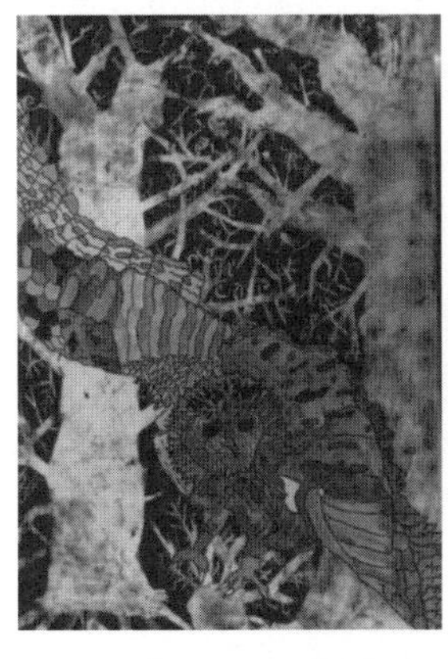

4年生最後の図工の作品は「月夜にうつるミミズク」です。作品の木の部分は，クレパスを3重に塗り込んでいます。定規やペン先等で木を表現しました。

ミミズクは，違う画用紙に描いて着色した後，のりで貼り付けています。指導する上で気をつけたことは，躍動感ある羽ばたくミミズクを表現することを子供達に意識させたことです。

※3月 10 日（日）の親子レクリエーション大会の際に教室に掲示していますので，ご覧いただけます。

キーボード選手権

1学期から継続してきたこの「キーボード選手権」も最後になりました。本校は，思考力・判断力・表現力等を育む授業を行うために，タブレット端末を積極的に活用しています。子供達は学習したことをプレゼンテーションソフトにまとめて，プレゼン発表をしたり，キーボード入力をして意見文を作成したりと様々な場面で文字入力を行います。情報活用能力の1つである，その文字入力をよりスムーズにするために3年生以上の学年で実施してきました。

今日は，その最後の大会でした。友達と比べるのではなく，一人一人が自分の目標とする級をクリアするために練習してきた成果が表れていました。

学習のまとめには，まとめノートを 

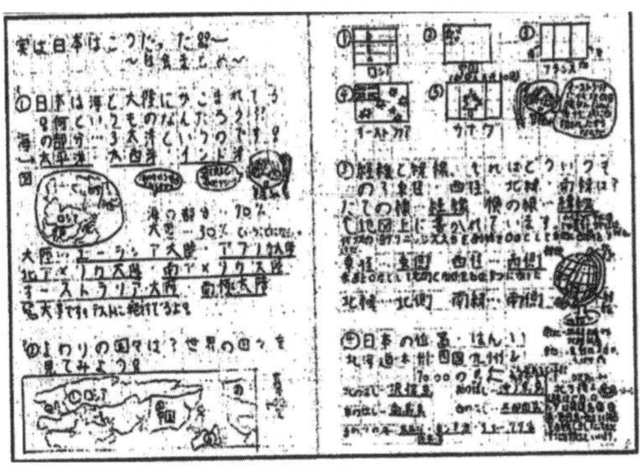

理科や社会の学習で，単元が終了した後には，まとめノートを作るようにしています。これまでの学習の要点を復習するためです。しかし，ただ単に教科書の本文を写しているだけでは工夫がありません。自分で大切なポイントをつかみ，ノートにまとめる力は，中学校生活での学習姿勢に大きく役立つはずです。「楽しく・知的に」を合言葉にまとめノートを作成しています。次号，一部子供達のまとめたノートを紹介します。

連絡

学期末になりましたので，習字や絵具，お道具箱等，学習を終えたものから計画的に持ち帰ります。月曜日からは，1年間の図工の作品や作文も持ち帰りますので，大きな袋のご用意をお願いします。

明日は，卒業式です 1組のみなさんへ，心を込めて…

6年

1 卒業式前日には，先生の想いを整理して伝える

初めての担任，初めての６年生…そして，初めての卒業式。あの年の卒業式は，初めてのことばかりで舞い上がってしまい，当日のことはほとんど覚えていません。唯一，覚えているのは，教室に戻ってからクラス28人の前に立った時のこと。前日に卒業証書授与式（卒業式）が終わって，教室に戻ってから，「子供達と一緒に１年間を振り返って，こんなことを話ししよう。こんな感謝の気持ちを伝えよう」と考えて自分なりに何度もシミュレーションをしていました。しかし，いざ当日になると，これまで以上に緊張し，舞い上がっている私は，子供達と前日に考えていた思いどおりの教室でのお別れをすることができませんでした。

卒業証書授与式で子供達の呼びかけや合唱を聞いて，もうすでに泣いてしまっている私。教室に戻ると，まず必ず渡さないといけないと学年主任の先生に言われていたもの「証書バインダー・紅白饅頭・英和辞典・カーネーション」を子供達に渡しました。そして，学級通信の卒業記念最終号を渡し終えて，子供達の前に立ちました。（よし，昨日考えてきたことをきちんと伝えよう!!）と思ったその時，式を終えた子供達の泣いている顔や達成感に満ちた顔を目の前にすると，１年間の楽しかった思い出がこみ上げてきて，話そうとしても何も言葉に出すことができませんでした。こんなことは，今までに経験をしたことのないくらいになぜか言葉が出ないのです。ただただ，涙が出てくるばかりで，声に出して話そうとすると，涙がまたこみ上げてくるのです。泣いている私を見て，子供達の大号泣の連鎖反応が始まりました。しばらく泣いてしまって，いよいよ正門を出て巣立ちの時間になってしまいました。そして，言葉を絞り出して泣きながら「本当にありがとう」とだけ伝えて子供達を正門に誘導しました。私の初めての６年３組での担任生活が終わりました。

少し思い出に浸り，本題を忘れそうになりましたが，卒業式当日は何が起こるか分かりません。自分も子供達もこれまでにない特別な感情になってしまいます。予定していたことも，思いどおりに進まないかもしれません。つまり，学級通信の最終号の卒業式前日の便りには，担任としての想いを整理し，子供達にも保護者の方にもきちんと伝えておいた方がいいということです。当時の子供達に23歳の私は，伝えたかったことの全てを言葉では伝えることができませんでした。しかし，今振り返ると「本当にありがとう」の言葉に，その全てが詰まっていたので，当時は当時であれでよかったかなと思っています。

まとめ

➡ 卒業式前日の学級通信には，保護者の方に向けて感謝の言葉を綴ることはもちろんのこと，子供達に向けても先生の想いを整理して伝えよう

6年1組学級通信
校長　○○　○○
担任　○○　○○
平成32年3月16日

明日は，卒業式です　1組のみなさんへ，心をこめて…

１組のみなさん。ついにこの日がきましたね。３年間一緒のみなさんとは，これまでの教師生活の中で，一番多くの時間を一緒に過ごすことができました。最高の３年間でした。みなさんと出会えたことは，私の教師生活の財産です。一生忘れることはないと思います。

今，卒業式の前日の夕方です。誰もいない教室でこの文章を打っています。みなさんとの生活の中で，これまで，この日がいつか来るということを想像することができませんでした。今は，正直なところ，みなさんが卒業していくことが寂しくてなりません。まだ，実感がわきません。とても複雑な気持ちです。けれども気持ちを切り替えてみなさんの晴れの門出を祝福したいと思います。いつも前向きに考え，真剣に何でも取り組めるみなさん。いつも優しい心をもっているみなさん。いつも素直な心をもっているみなさん。ご卒業おめでとうございます。

この小学校生活はどうでしたか？　堀江小学校の最高のお手本として頑張ってくれたことに今，感謝しています。時には，友達のことで悩み，けんかをしてしまったこともあったでしょう。それ以上に，楽しくて，喜んだ時もたくさんあったことでしょう。学校生活でのどんな場面でも，私はみなさんのそばにいて，その成長を感じていました。その成長を嬉しく感じた時もありました。その成長が不安で，心配な時もありました。けれども，みなさんなら乗り越えてくれるといつも信じていました。本当に，最高の学年でした。そして，最高のクラスでした。本当にありがとう。これから先の中学校生活，しっかりと楽しんでください。

どんなことでも，みなさんのことだから，前向きに頑張ってくれることと思います。何かあったら，いや，何もなくても，いつでも小学校に顔を出しに来てくださいね。楽しみに待っています。そして，20歳になったらみなさんで堀江小学校の前に集まり，同窓会をしましょう。いつか，成長したみなさん全員と会えることを楽しみにしていますよ。39名のみなさんのこれからを楽しみにしています。

３年間本当にありがとう。そして，さようなら。

最高の卒業式に‼ ～先生から最後のエール～

この最高の仲間全員と一緒に，堀江小学校で集うことができるのは，泣いても笑っても明日の卒業式のみになりました。貴重な時間を大切にして欲しいと願います。

今日も，今あなたができる限りの最高の表情を！

今日も，今あなたができる限りの最高の歌声・呼びかけを！

今日も，今あなたができる限りの最高の立ち姿を！

今日も，今あなたができる限りの最高の笑顔を！

そして，卒業式は，全員で創るできる限りの最高の時間にしましょう。

保護者のみなさんへ

いよいよ明日が卒業式です。4月の学級懇談会であいさつをさせていただいてから，もう３年の月日が経ちました。保護者のみなさんには，私達学年の方針を十分に理解していただきまして，協力していただくことばかりでした。時には，子供達のことで，一緒に悩み，遅くまで話をさせていただくこともありました。何かと至らない点があり，ご心配をおかけすることもあったかと思います。しかし，いつでも温かく私達学年団を見守り・支援をしていただきました。明日の卒業式。子供達はこの堀江小学校から巣立ちますが，いつまでも「みなさんの学校」であることには変わりありません。いつか小学校を懐かしみ，私達のことをふと思い出した時には，どうぞ保護者の方も一緒に小学校に顔を出して，お子さんの成長した姿を見せてくださいね。

51 保護者のみなさんへ 最終号にありがとうの気持ちを込めて

5年

1 最終号は，子供達にも保護者の方にもメッセージを

いよいよ１年間の学級が修了します。同時に続けてきた学級通信も最後の１号を発行することになります。最終号には，子供達にも保護者の方にも１年間のお礼のメッセージを書くようにしましょう。当然ながら，子供達への最後のメッセージは，子供達の目を見て直接，先生のその時の気持ちを込めて伝えなくてはいけません。修了式の前日を通信の最終号発行の日にして，修了式の日には，直接子供達に伝えるようにしましょう。

まとめ

➡ 保護者の方に１年間のお礼を通信で伝えよう

➡ 子供達には，通信に思いを載せるとともに直接先生の想いを届けるようにしよう

学級通信に使いたい“とっておきの○○”⑧「周辺機器③」

【4】マウス

みなさんは，学級通信を作成する際にマウスを使いますか。ノートパソコンを使っている人の中には，マウスを全く使わないという方もいるかもしれません。

私は，普通のマウスより６つボタンの多いマウスを使っています。なぜ，そのマウスなのかは，６つのボタンの設定にヒントがあります。

このマウスで設定している６つのボタンは，マウスを操作しながら使うことができます（キーボードを触らなくても使うことができる）。

〈例〉

ボタン１	：Ctrl キー
ボタン２	：Ctrl ＋ C
ボタン３	：Ctrl ＋ V
ボタン４	：Enter
ボタン５	：Back Space
ボタン６	：Alt ＋ F4

もしかしたら，そのボタンを内蔵させることで「学級通信作成がとても楽になるかも」と思われた方がいるかもしれません。そのよさ・魅力は実際に使ってみると，より実感できると思います。

5年4組学級通信
校長 〇〇 〇〇
担任 〇〇 〇〇
平成32年3月16日

最高学年としてのバトン

今日，嬉しかったことがありました。休み時間に子供達が運動場で遊んでいる様子を見ていると，転んだ低学年の子に5年生の子が駆け寄り「大丈夫？」と声を掛けていたり，廊下を走る下級生に「ここは走るところじゃないよ」と注意していたりする場面を見かけました。『最高学年として自分達がこれから小学校を引っ張っていくリーダーである』という意識が芽生えているんだなと感じました。

いよいよ，明日6年生の卒業式を迎えます。5年生は在校生代表として卒業式に出席します。これまで学級では，卒業式に向けて5年生としてできる精一杯のことは何かについて話し合ってきました。

「6年生が気持ちよく卒業できるように，花を添えたい」
「自分達も一生けんめいな姿を見せ，これから最高学年として小学校を引っ張っていくという気持ちを伝えたい」

子供達は6年生の卒業式に向けてとても頑張っています。『別れの言葉』で大きな声で呼びかけをしたり，卒業生が退場する時に在校生が演奏する『威風堂々』で自分の担当する楽器を，休み時間も使って一生けんめいに練習したり。しかし卒業式に向けて頑張るだけでなく，普段の学校生活の様子から『最高学年としての意識』を感じることができるようになってきたことが本当に嬉しいです。

明日，いよいよ子供達は6年生から『最高学年としてのバトン』を受け取ります。素晴らしい最高学年になってくれることでしょう。『来年は自分達があの場に立っているんだ』と，意識しながら出席して欲しいと考えています。

助け合い，認め合える，仲間を大切に！

5年4組での生活も残すところあと少しとなりました。これまで日々の生活の中で，子供達にはたくさんの話をしてきました。振り返ってみると『学級』や『友達』に関することを話す機会が多かったように感じます。この学級の友達と一緒に過ごすことができる時間もあと少しとなった今一度，『学級の友達のことを思いやり，残り少ない時間を大切に過ごして欲しい』という思いを込めて，次のような話をしました。

このクラスには39人の友達がいます。これまで1人ではできないようなことも，39人の友達と一緒だからできたという経験をたくさんしてきたと思います。一人一人の顔が違うように，性格も考え方もそれぞれ違います。優しい子，明るい子，真面目な子，中には感情豊かで，涙もろい子もいます。得意なことや苦手なことも人それぞれです。クラスには，色々な友達がいるからこそ『助け合う』ことが大切です。助け合うためには，次の2つが大切です。

①友達が困っていることに気づく（そんな心遣いができる人になって欲しい）

②素直に伝える勇気が必要（できないことや困っていることを，自ら認める）

苦手なことは，苦手です。できないことは，できません。分からない時には，分からないから教えてと言ってみましょう。安心してください。このクラスには必ず，そんなあなたを助けてくれる友達がいます。

助け合うことで友達を認め，友達を認めるから助け合うことができると考えます。この1年間でできた素晴らしい友達を大切にしながら，これからも助け合い認め合いながら，素晴らしい仲間作りを続けて欲しいと思います。

保護者のみなさんへ 最終号にありがとうの気持ちを込めて

いよいよこの学級通信「心の花を咲かせよう」も最終号になりました。この学級通信は「子供達の頑張りや思い・願い・考えを学級の友達や保護者の方に」「学級経営に関する考えや方針を学級の子供達や保護者の方に」発信するという想いのもと1年間発行してきました。この51号に到達するまでには，たくさんの保護者の方からの温かい声をいただけたことを感謝しています。

子供達は，4月から最高学年になります。この1年間の子供達の様子をみていると，おそらく素晴らしい学年集団，最高学年になってくれることと確信しています。子供達や保護者の方と，お別れするのはとても寂しい思いでいっぱいですが，子供達が5年4組を修了し，6年生になっても一緒に学習してきたことを生かして，堀江小学校のリーダーになってくれるであろうことが楽しみでなりません。本当に1年間，ありがとうございました。

テーマ別　記事検索

おわりに

小学校の時分，私の担任の先生は，いつも手書きの温かい学級通信を発行してくれていました。５・６年生の担任の先生から毎日のように発行される通信「トライアングル（通信のタイトル）」は，２年間で300号を超えていました。卒業してから25年。久しぶりにあの学級通信を手に取って見ると，あの頃の先生や友達との思い出が鮮明に蘇ってきました。

教職を目指して大学へ進学し，夢であった先生になることができた時，私は６年１組の担任となりました。着任早々，管理職と学年の先生達に学級通信を発行することを伝え，手書きの学級通信を創り始めました。初めのうちは順調だった学級通信も，次第に「何を書いたらいいのか分からない」と悩むようになってきました。その時，自然と小学校の時の学級通信を頼りにするようになっていました。自分も学級通信を発行するようになって，改めて当時の担任の先生の尊さや私達に対する愛情を感じました。

今，私達の生活の中には，当たり前のようにパソコンやタブレット端末・スマホがあり，私が子供の頃や教員になった当初と違い，学級通信もパソコンで作成することが多くなりました。「手書きの通信には温かさを感じる…」とは思うものの，今の私達には，パソコンで創る学級通信の方が自然です。「学級通信で子供たちの頑張りを認めたい」「学級通信で子供達の成長を褒めてあげたい」「学級通信で担任としての想いを子供達やその保護者の方々に伝えたい」と願うことは，たとえ「手書きで」から「パソコンで」に変わっても，いつまでも変わりません。学級通信には，担任の先生の子供達に対する熱い想いや願いが込められていると思います。

学級通信は，担任の想い・願い・考えが大きく反映されます。本書も本校に関わる多くの先生方，本校をこよなく愛する先生方のカラーを随所に垣間見ることができます。場合によっては，少し考え方が違うこともあるかもしれません。しかし，それは目の前の子供達のために，どうすることが最善なのかを実態に照らし合わせながら，先生の独自の学級通信を創っていただければと思います。「今まで学級通信を出したことがないけど，今年は出してみようかな」「最近，学級通信を出していなかったけど，久しぶりに…」と多くの先生方が目の前の子供達や保護者の方のために本書を参考に学級通信を創っていただければ幸いです。

最後になりましたが，本書刊行に多大なるご尽力をいただきました明治図書出版の木村悠様，関係者の皆様に深く感謝申し上げます。

全国の先生の１人でも多くが，未来を担う子供達とその保護者の方の笑顔のために学級通信を創ってくださることを切に願います。

合言葉はただ１つ。全ては目の前の子供達のために…。

大阪市立堀江小学校
首席　川村幸久

執筆者紹介

中山大嘉俊　大阪市立堀江小学校　校　長（編著者）
川村　幸久　大阪市立堀江小学校　首　席（編著者）

有田　豊城　大阪市立堀江小学校　主務教諭
犬尾　　陽　大阪市立磯路小学校　主務教諭
井上　伸一　大阪市教育センター　指導主事
浦部　文成　大阪市立堀江小学校　教　諭
上田　員久　大阪市立新今宮小学校　首　席
奥長　有紀　大阪市立五条小学校　教　諭
梶原　弘史　大阪市立堀江小学校　主務教諭
狩野洸太郎　大阪市立日吉小学校　教　諭
川瀬きくの　大阪市立三先小学校　主務教諭
川西　　亘　大阪市立堀江小学校　主務教諭
國方　千春　大阪市教育センター　指導教諭
坂口　朋子　大阪市立滝川小学校　指導教諭
坂本　　翔　大阪市立堀江小学校　主務教諭
塩根　航平　大阪市立聖和小学校　主務教諭
津田　直子　大阪市立九条南小学校　首　席
富﨑　直志　大阪市立堀江小学校　主務教諭
直井　　健　大阪市立堀江小学校　教　諭
中辻　圭介　大阪市立堀江小学校　教　諭
中西　勇太　大阪市立天王寺小学校　主務教諭
疋島　和恵　大阪市立堀江小学校　指導教諭
宮本真希子　大阪市立本田小学校　主務教諭
宮本　　純　大阪市立堀江小学校　首　席
本山　寛之　大阪市立堀江小学校　主務教諭
本山　友美　大阪市立今津小学校　主務養護教諭
森　　慎弥　大阪市立堀江小学校　主務教諭
森石　晶子　大阪市立堀江小学校　主務教諭

【編著者紹介】

中山 大嘉俊（なかやま　たかとし）

大阪市立堀江小学校校長，大阪市立堀江幼稚園園長

1955年，大阪市生まれ。大阪教育大学教育学部教員養成課程卒業，大阪教育大学連合教職大学院修了。大阪市立松ノ宮小学校教諭から数校勤め，大阪教育大学へ内地留学，大阪市教育センター所員，大阪市立平野西小学校教頭・苗代小学校教頭，大阪市教育委員会指導主事，総括指導主事，大阪市立加島小学校校長・大阪市教育センター首席指導主事・南小学校校長を経て現職に。幼稚園長兼務。専門は理科教育。スクールリーダー研究会所属。今年度は，小学館小三教育技術「学級経営」にて一年間監修を行うかたわら，ぎょうせいリーダーズライブラリー「トラブルの芽を摘む管理職の直感」にて連載を務める。現任校は，平成25年度より大阪市学校教育ＩＣＴ活用事業モデル校として，平成27年度より３年間，公益財団法人パナソニック教育財団研究助成を受け，大阪市のみならず，全市 ICT 教育を牽引しながら学校経営を行う。また，平成28年度より，市の防災モデル校指定の実績を生かし，SPS（セーフティー プロモーション スクール）の推進校として公開授業を始めとする数々の取り組みを行い，平成29年度より全国で８番目の SPS 認証校となる等，安全・安心な学校づくりにも力を注いでいる。

川村 幸久（かわむら　ゆきひさ）

大阪市立堀江小学校　首席

1980年，大阪市生まれ。大阪教育大学教育学部教員養成課程卒業，平成29年度より２年間大阪教育大学大学院教育学研究科に長期派遣。大阪市立巽小学校講師，大阪市立東中川小学校教諭，大阪市立堀江小学校教諭を経て現職に。専門は体育科教育学。大阪市小学校教育研究会体育部，日本スポーツ教育学会所属。平成30年度科研費奨励研究「若手教員の体育授業力向上に資する研修資料の開発（JSPS KAKENHI Grant Number JP18H00533）」，平成30年度笹川スポーツ財団奨励研究「児童の体力向上をエビデンスベースとした体つくり運動プログラムの開発（180B3-031）」を採択し，体育授業力向上のために研究を行っている。共著として『小学校学級開き大辞典高学年』（明治図書出版）『３年目教師勝負の学級づくり』（明治図書出版）『３年目教師勝負の授業づくり』（明治図書出版）『フォレスタネット SELECTION vol.2』（SPRIX）がある。今年度は，小学館小三教育技術「学級経営」にて一年間監修を行う。教育サイト「学びの場 .com『教育つれづれ日誌』」（内田洋行）「ReseMom」（イード）「フォレスタネット」（SPRIX），月刊誌『楽しい体育の授業』（明治図書出版）『授業力・学級経営力』（明治図書出版）『教育技術』（小学館）等で，教育エッセイやコラム，実践事例を多数執筆。

学級経営サポートBOOKS
子供と保護者とクラスをつなぐ！
学級通信の編集スキル＆テンプレート

2019年３月初版第１刷刊　©編著者　中山大嘉俊
川村幸久
著　者　大阪市立堀江小学校
発行者　藤原光政
発行所　明治図書出版株式会社
http://www.meijitosho.co.jp
（企画）木村　悠（校正）㈱APERTO
〒114-0023　東京都北区滝野川7-46-1
振替00160-5-151318　電話03(5907)6702
ご注文窓口　電話03(5907)6668
＊検印省略　組版所　株式会社ライラック

Printed in Japan　ISBN978-4-18-276019-8